学校安全
——预防与应急实用手册

杨 军　黄贵海　主编

应 急 管 理 出 版 社

·北　京·

图书在版编目（CIP）数据

学校安全：预防与应急实用手册／杨军，黄贵海
主编 . --北京：应急管理出版社，2024
　　ISBN 978-7-5237-0544-5

　　Ⅰ.①学…　Ⅱ.①杨… ②黄… 　Ⅲ.①学校管理—
安全管理—研究—中国 　Ⅳ.①G474

中国国家版本馆 CIP 数据核字（2024）第 091917 号

学校安全——预防与应急实用手册

主　　编	杨　军　黄贵海
责任编辑	郭玉娟　王一名
编　　辑	王雪莹
责任校对	赵　盼
封面设计	解雅欣

出版发行　应急管理出版社（北京市朝阳区芍药居 35 号　100029）
电　　话　010-84657898（总编室）　010-84657880（读者服务部）
网　　址　www.cciph.com.cn
印　　刷　河北鹏远艺兴科技有限公司
经　　销　全国新华书店

开　　本　850mm×1168mm$^1/_{32}$　印张　5$^1/_8$　字数　85 千字
版　　次　2024 年 5 月第 1 版　2024 年 5 月第 1 次印刷
社内编号　20240409　　　　　定价　39.80 元

前　言

　　珍爱生命，规避风险，是每一位青少年朋友要面对的现实问题。特别是在宝贵的学习生涯中，如何识别来自校园内外的安全隐患，正确应对和处置发生在身边的安全事件，成为成长中必须面对的问题。本着"简单实用、通俗易懂"的编写原则，作者围绕校内及校外的常见不安全因素，确立火灾、触电等十九个主题，设置"风险与预防""应对与处置""注意与提醒""想一想"四个板块，旨在梳理与广大青少年朋友日常生活密切相关的各类安全风险点，提出预防与应对措施。希望通过阅读本书，帮助广大青少年朋友增强安全意识，掌握基本的安全知识，提高应对和处置一般安全事件的能力，减少不必要的伤害。

　　校园安全事项繁杂，应对办法多样。作为一本小手册，不可能解决生活中出现的所有安全问题。为便于大家充分理解学习内容，不断掌握新的安全知识，本书配有安全教育视频（关注公众号"无忧安教"），可以在其中学习更多的安全知识和应急技能。希望做到举一反三、灵活运用。同时，能够结合自身需要，不断拓展安全知识，提升风险识别、应对和处置本领。

祝每一位青少年朋友都有健康、安全的成长环境。

编　者

2024 年 4 月

目　　录

第一章 火 灾

　　火，在给生活带来便利的同时，也可能造成一定危害，如威胁生命安全、造成经济损失、破坏文明成果、影响生态环境等。校园内的宿舍、教室和图书馆等地是火灾事故的高发场所，须防患于"未燃"。

一、风险与预防

（一）宿舍

　　宿舍是人员密集场所，且各种生活物品相对集中繁杂，存在一定的消防安全隐患。书籍、衣物等均属于易燃物品，稍有不慎，易引发火灾。宿舍防火要做到以下几点。

　　（1）严禁使用"热得快"、电炉、电水壶等大功率电器。

　　（2）严禁私拉乱接电线和移动插座，严禁将电源接线板放在床上。

　　（3）严禁在电线、灯管等电气设备和线路上搭挂衣物。

　　（4）台灯放在桌上使用，远离可燃物。

（5）不在宿舍内玩火、焚烧物品、用明火取暖，点燃蜡烛后须始终有人在场，并远离可燃物。

（6）不占用、堵塞疏散通道。

（7）爱护宿舍楼内的消防设施。

（8）离开宿舍前关闭所有电源开关并拔掉所有电源插头，关掉照明灯具。

（二）教室

教室是集中授课学习、活动的场所，通常因电器设备故障、违规使用电器、使用明火、电线短路等引发火灾。教室防火要做到以下几点。

（1）不使用大功率照明灯或电热器具取暖。

（2）不得违反操作规程使用电子教具。

（3）不携带烟花爆竹、汽油等易燃易爆物品进入教室，不玩火。

（4）教学用的电器、照明设备以及多媒体系统，下课后应及时关闭电源。

（5）保证教室前后门畅通，严禁锁闭安全门。

（三）图书馆

图书馆中收藏的大量书籍、文献和报刊及木质桌椅板凳等都属于可燃物质，一旦遇到明火，极易大面积受损。图书馆中使用大量的电器设备，人员流动量大，易引发火灾。图书馆防火要做到以下几点。

（1）不随意乱拉电线，严禁超负荷使用。

（2）不在图书馆使用明火。

（3）电灯、台灯与图书、资料等可燃物保持 50 厘米以上的距离。

二、应对与处置

（一）初起火灾扑救

火灾扑救应"救早扑小"，遵循在保证自身安全的前提下"先控制后消灭，救人第一，先重点后一般"的原则，对电器起火、油锅起火及家具、被褥起火等火灾情景进行针对性扑救。操作步骤为"一断""二灭""三切忌"。

1. 电器起火

"一断"指切断电源，"二灭"指用干粉或二氧化碳灭火器灭火，"三切忌"指切忌直接泼水灭火，以防触电或电器爆炸伤人。

2. 油锅起火

"一断"指应迅速关闭炉灶燃气阀门，"二灭"指直接盖上锅盖或利用冷油或米进行灭火，"三切忌"指切勿向油锅倒水灭火。

3. 家具、被褥起火

直接灭火：用脸盆等可盛水器具向火焰上泼水，或将水管接到水龙头上喷水灭火，同时把燃烧点附近的可燃物泼湿降温。

（二） 火灾报警与火场逃生

1. 火灾报警

电话报警：及时拨打火警报警电话 119。

高声呼喊报警：发生火灾，尤其是夜里发生火灾时，在逃生自救的同时高声呼喊，向周围人员报警。

按报警器报警：公共场所发生火灾时，可按报警器，启动火灾自动报警系统。

2. 火灾逃生方法

1）选对疏散通道

身处高层建筑逃生时，听从教师指挥，选择疏散楼梯作为逃生通道，切勿乘坐电梯逃生。

身处平层建筑逃生时，按照疏散通道指示进行逃生。

2）捂鼻弯腰疾走

尽量使用湿毛巾、衣物捂住口鼻，弯腰、低姿，疾步快走。呼吸换气时，尽量又小又浅，以防吸入过多有毒烟气。若逃生线路已被浓烟覆盖或被大火封锁，立即退回相对封闭的区域内，填堵门窗缝隙，防止烟气进入。可通过打手电筒、挥舞衣物和呼叫等方式向窗外发送求救信号，等待救援。

此外，野外森林发生火灾，应立即拨打全国统一的森林火警专用报警电话 12119 报警。

三、注意与提醒

（一）报火警注意事项

（1）沉着冷静，拨通 119 后再讲话。

（2）"四讲明"：讲明单位、联系人和电话；讲明火情大小；讲明是否有人受伤或被困；讲明火灾起因或燃烧物质。

（3）在校门口或火灾现场附近迎候消防车。

（二）火灾逃生演练

认真参加火灾逃生演练，提前了解疏散演练的集合地、通道。警报信号响起，听从教师指挥，选择应急疏散通道，捂鼻弯腰疾走，有秩序地按指定路线向安全地带撤离。

（三）火灾防控小口诀

"三断"：墙面与插座要断、插座与电器要断、电器开关要断。

"三清"：电线线路要清、消防通道要清、各种垃圾要清。

（四）常见灭火器使用方法及其适用范围

1. 灭火器使用方法

一"提"：提起灭火器；二"拔"：拔掉安全插销；三"握"：握住皮管，朝向火苗；四"压"：用力压下喷嘴。

2. 常见灭火器适用范围

（1）干粉灭火器：主要用于扑救固体火灾，也可用于扑救易燃液体、可燃气体、带电设备等的初起火灾。

（2）二氧化碳灭火器：主要用于扑救电气火灾、液体火灾及贵重设备、图书资料、仪器仪表等场所的初起火灾。需要注意的是，二氧化碳是窒息性气体，对人体有害，在空气不流通的火场使用二氧化碳灭火器后，必须及时通风。同时，由于二氧化碳是以液态存放在钢瓶内，使用中要防止冻伤。

（3）清水灭火器：主要用于扑救木、竹、棉、毛、草、纸等一般固体物质引发的初起火灾，不宜用于油品、电器设备等火灾。

□□■【普法小课堂】

《中华人民共和国消防法》第五条规定："任何单位和个人都有维护消防安全、保护消防设施、预防火灾、报告火警的义务。任何单位和成年人都有参加有组织的灭火工作的义务。"

第四十四条规定："任何人发现火灾都应当立即报警。任何单位、个人都应当无偿为报警提供便利，不得阻拦报警。严禁谎报火警。"

四、想一想

1. 2011 年 5 月 16 日，韩国京畿道广州市的一所寄宿学校发生火灾，造成 8 名正在准备高考的学生死亡，25 人受伤。警方调查后发现，火灾可能是未熄灭的烟头引燃了一间休息室的沙发后引起的，也可能是乱拉电线引起的，加之教学楼是砖木结构，火势蔓延得很快。

（1）这则案例给我们什么启示？

（2）假如你在教室内，你会如何逃生？

2. 假如你在宿舍，插座着火了，你会采用什么类型的灭火器进行灭火？为什么？

第二章　交　通　事　故

交通无小事，安全伴我行。交通事故是指车辆在道路上因意外或过错造成伤残、死亡或财产损失的事件，会给个人、家庭和社会带来不良影响。掌握交通安全知识，提高交通安全意识，培养良好的出行行为习惯是降低交通事故发生概率的关键所在。

一、风险与预防

在校内，追逐打闹、边走路边低头看书和骑车等行为；在校外，不注意观察路况，骑车不戴头盔，乘车不系安全带，乘坐非法运营车辆等行为，都易引发交通事故。学生在步行、骑车和乘车时需时刻警惕路况，谨防交通事故发生。

（一）步行安全

（1）熟悉校内路线地形，注意拐角处、交岔路口处的行人车辆，远离地上及地下车库出入口。

（2）在校园内走路要留神，不边走边嬉戏打闹或边走边看书。

（3）在划有机动车道、非机动车道和人行道的道路上，应在人行道内行走；在没有划分机动车道、非机动车道和人行道的道路上，要靠道路右侧通行。

（4）在通过有交通信号灯、斑马线等交通标志的路口时，应当按信号指示走人行横道线；在通过没有交通信号灯、斑马线等交通标志的路口时，应当注意过往车辆，在确认安全后迅速直行通过。

（5）在通过铁路道口时，应当按照交通信号或者管理人员的指挥通行；没有交通信号和管理人员的，应当在确认无火车驶临后，迅速通过。

（6）不跨越、倚坐道路隔离设施，不扒车、强行拦车，不实施妨碍道路交通安全的其他行为，如在公路上、马路口和机动车道坐卧、停留及在道路上使用滑板、旱冰鞋此类滑行工具等。不得进入高架道路、高速公路、交通管制区等禁止行人通行的道路标志地带。

（二）骑车安全

（1）骑自行车者出入校门时下车推行，不在校内骑车，自行车要停放在车棚内或停车线内。

（2）在划有非机动车道的路段骑车要走非机动车道，不在机动车道和人行道上骑车。在没有划非机动车道的道路上，应靠路的右侧通行，不逆向行驶。转弯前要减速慢行，向后瞭望，伸手示意，不突然猛拐。

（3）在通过有交通信号的路口时，应按信号指示，下车推车而行，禁止闯红灯。在没有交通信号的道路上横过马路时，应下车左右瞭望，在确认安全的情况下推车而过。

（4）骑车时不牵引、攀扶车辆或者被其他车辆牵引，不双手离把或者手中持物，不扶身并行、拉横排骑行、互相追逐或者曲折竞驶。应当定期保养、检修自行车和电动自行车，确保自行车和电动自行车车闸、车铃、轮胎等部件齐全有效。

（5）不满 12 周岁的人不得在道路上骑自行车，不满 16 周岁的人不得在道路上驾驶电动自行车。16 周岁以上 18 周岁以下的未成年人驾驶自行车不得载人；18 周岁及以上的人骑电动自行车限载 1 名 12 周岁以下未成年人，搭载学龄前儿童的，应当使用固定座椅。

（6）不得在道路上骑独轮自行车、"死飞车"、滑板车、平衡车或者二人以上骑的自行车。自行车的车型大小要合适，不骑儿童玩具车或不适合自己的大型车上路。学练骑自行车或电动自行车时，应当在无人无车的空地上进行，不得在马路上进行。

（7）骑电动自行车、摩托车和乘坐电动自行车、摩托车，必须佩戴安全头盔。骑电动自行车应当保持合理速度，不超过 25 千米/小时。禁止无证驾驶，未满 18 周岁不得考摩托车驾照和机动车驾照。不得酒后驾驶机动车和非机动车。

（三）乘车安全

（1）不得乘坐拖拉机、农用车、报废车、超员车、无牌车、酒驾车等不安全车辆；不得在机动车道上拦乘机动车；不得从机动车左侧上下车；开关车辆车门不得妨碍其他车辆和行人通行；不得携带易燃易爆等危险物品上车，不得向车外抛撒物品。

（2）候车时，应在站台或指定地点依次候车，待车停稳后按先下后上顺序上下车，不要拥挤。

（3）乘车时，应当按规定使用安全带；不得将身体的任何部位伸出车外，不跳车，不干扰驾驶员；没有座位时，应当双脚自然分开，侧向站立，手应握紧扶手，以免车辆紧急刹车时摔倒受伤；不得透漏自己的隐私，包括家庭住址、学校、姓名等信息。

（4）下车时，注意往来车辆，确保车辆停稳、周围安全后再下车。

（5）下车后，不从车前或车后突然走出或猛跑，应当注意观察路况。

二、应对与处置

（一）及时报警和上报

1. 报警

当发生交通事故后，如果出现伤亡情况，要先拨打120救人；如果引起火灾，要先拨打119救火；接着快速拨打交通事故报警电话122，告知交通事故发生的准确地址，留下自己的姓名，简要说明事故原因、人员、车辆伤损情况及道路情况等，以便公安交警部门采取相应的救援措施。

2. 报告老师

当交通事故发生在上放学路上或者校园内，要及时通知班主任或其他值班老师，说明自己的班级姓名，告知交通事故发生的准确地址，以便老师上报学校。

（二）学会自救

当骑车不慎跌倒时，尽可能使身体保持平衡；若无法控制，迅速将车子抛出去，人向另外一侧跌倒，同时注意避开地面的硬石头等尖锐物体，保持身体全身肌肉紧绷，用身体大面积与地面接触，不要单手、单肩或单脚着地。

当乘车遇到险情时，保持清醒的头脑，不大喊大叫、惊慌失措；不可指挥司机，更不能在高车速时跳车；应迅速趴到座椅上，将双手紧紧抓住前排座椅或扶杆、把手等固定物，低下头并利用前排座椅靠背或手臂保护头和面部。以下是具体情境中的自救措施。

1. 当发生撞车事故时

（1）应紧握扶手或靠背，同时双脚稍微弯曲用力向前。

（2）如果头颅、胸部和腹部受到撞击或挤压，即便是隐隐作痛，也应及时到医院诊治，警惕内脏出血导致死亡。

2. 当翻车时

（1）应迅速蹲下身子，紧紧抓住前排座椅的椅脚，尽量使身体固定在两排座椅之间并随车翻转。

（2）不得不跳车时，应用最大力气猛蹬双脚，增大向外抛出的力量和距离，千万不要顺着翻车的方向跳车，以防跳出后被车辆重压。

（3）所乘车辆发生侧翻，被困在车内时，应从对面座椅逃生，避免车辆二次侧翻；当车门因变形无法打开时，可击碎侧窗玻璃逃生。

（4）万一被甩出车体，应迅速抱头并蜷缩成球状就势翻滚，减小落地时的反作用力，减轻头部、胸部损伤，同时尽量远离危险区域。

3. 当所乘车辆意外失火时

（1）应逃到车外并打滚灭火。

（2）当车内已有大量烟气时，应用衣物捂住口鼻后再设法逃出，以防吸入大量有毒、有害烟气而窒息。

（3）若因车门变形无法打开时，可从车顶应急出口、前后挡风玻璃或车窗处脱身。

（4）从车中逃出后远离事故发生地点，防止因车辆着火、爆炸造成伤害。

4. 当所乘车辆意外落水时

（1）若水较浅，不能淹没全车时，待汽车稳定以后，再设法从安全出口处离开车辆。

（2）若水较深，先不要急于打开车门和车窗玻璃，因为这时车门是难以打开的。应首先使头部保持在水面上，迅速用力推开车门或击碎玻璃，及时浮出水面。

（三）学会互救

在事故现场抢救伤者的基本要求是先救命、后治病，根据不同的伤情予以早期处理。如果伤者伤情较轻，让他们采取自认为恰当的体位，耐心地等待救援人员。如果伤者在车内无法行动时，可设法在避免其二次受伤的情况下将其从车内移出，切记不要生拉硬拽伤者肢体。如果伤者被压于车轮或重物下，应及时设法移动车辆或搬动重物，再采取相应的救护方法。

1. 救助无意识伤者

（1）如伤者已经昏迷，则松开其颈、胸、腰部的贴身衣服，将其头转向一侧并清除口鼻中的血液、污物等，以免引起窒息。

（2）如心跳和呼吸都已停止，应当立即进行心肺复苏。

2. 救助失血者

（1）伤者严重外伤出血时，可将头部放低，伤处抬高，然后利用周边干净的物品（如毛巾、手帕、布料等）进行包扎止血。

（2）为伤者包扎时，不要在伤口上方打结，也不要在身体背后打结，以免压住不舒服。

3. 救助烧伤者

（1）迅速扑灭衣服上的火焰、向烧伤者身上喷冷水、脱掉烧着的衣服，切勿用沙土覆盖，以免造成伤口感染，甚至危及生命。

（2）烧伤者口渴时，不能饮用白开水，可饮用少量淡盐水。

三、注意与提醒

（一）校园内交通安全注意事项

（1）在校园内要遵循"靠右走"原则。

（2）不做"低头族"，注意观察道路情况。

（3）校园内"推车"而行，出了校门口再骑车。

（二）校园外交通安全注意事项

（1）禁止骑"死飞车"，"死飞车"不配置刹车器，需要反向踩脚踏板来减速，直至停车，易造成轮胎抱死、侧滑、甩尾，发生事故。

（2）不乘坐"三无"（无驾驶证、无行驶证、无营运证）车辆，不得乘坐拖拉机、农用车、报废车、超员车、酒驾车等不安全车辆。

（3）开关车门时谨防"开门杀"，注意观察车身后方情况，确定不会撞到后方的行人或车辆再开门。可以采用荷式开门法，即总是用距车门较远的那只手开车门（左驾用右手开车门，右驾用左手开车门）。

（三）交通安全口诀

> 行走应走人行道，没有行道往右靠；
> 路口要看信号灯，红灯停止绿灯行；
> 隔离护栏不翻爬，发生事故受伤害；
> 骑车不进汽车道，候车要在站台上；
> 手头不能伸窗外，扶紧把手莫忘记；
> 黑车货车不能上，人身安全无保障。

（四）安全带正确系法

（1）斜带横跨我们的肩膀—锁骨—胸前。如果安全带过高，一旦发生事故，斜带将会勒住我们的脖颈，造成危险发生。

（2）横带要系在肚脐下方，胯骨关节位置。肚脐上方是肠胃、肝脏等器官，一旦发生事故，可能造成损害。

（3）不要让安全带压在坚硬易碎的物体上，如口袋内的手机、眼镜、钢笔等；不要让座椅靠背过于倾斜，否则会导致安全带不能正常伸长或收缩，影响使用效果。

（4）安全带的扣带要扣好，防止受外力时脱落而不能起到保护作用。

□□■【普法小课堂】

《中华人民共和国道路交通安全法实施条例》第七十二条规定："驾驶自行车、三轮车必须年满 12 周岁；驾驶电动自行车和残疾人机动轮椅车必须年满 16 周岁。"

四、想一想

1. 明明和亮亮在放学路上并排骑行同时聊天，途经路口未观察路况，与对向行驶的摩托车发生碰撞，造成双方受伤。

（1）造成此次交通事故的原因有哪些？

（2）这则案例给我们什么启示？

2. 明明和亮亮周日乘出租车去动物园玩，他们在等车时、乘车时和下车时分别需要注意什么？

第三章　触　　电

电的发现和应用是科学技术发展的重要里程碑，也是人类文明进步的典型标志。随着人类对电的认识和利用，电器在当代社会生活中无处不在，它为我们生活带来很多便利，但用电不当也会危害人的生命安全，对人民财产造成较大损害，给生产生活带来巨大损失。掌握必要的防触电知识尤为重要。

一、风险与预防

购买不正规电器、不规范使用电器、不及时切断电源、私自乱接电线、靠近高压线玩耍、随意捡取掉落电线头等行为，会增加触电风险，引发电击或电伤事故，对人体造成伤害，严重时还会造成死亡。规范使用电器是预防触电事故发生的重要一环。

（一）室内防触电

1. 用电前

（1）不购买劣质插座、台灯、充电器或"三无"（无生产日期、无质量合格证、无生产厂家）电器。

（2）在购买电器后，认真阅读说明书，根据说明书中的产品介绍、安装、使用和保养等内容正确使用电器。

（3）禁止在教室、宿舍等场所乱拉、乱接电线。

2. 用电时

（1）不用湿手拔、插电源插头，不用湿抹布擦拭未断电的电器。

（2）不用手或别针、铁丝等导电物接触、探试电源插座内部。

（3）不在插座、发热电器旁放置纸张、棉被等易燃物。

（4）停电时拔掉电源插头，关闭电器开关，以防恢复来电、电器在无人看管的情况下工作。

3. 用电后

（1）多媒体设备用完后要及时关机。

（2）离开教室、宿舍等场所时及时切断所有电源，做到"人走电断"。

（3）发现电器损坏要及时报告老师，联系专业维修人员进行维修，不得擅自处理。

（4）及时清理废弃的电器设备，如废旧台灯、废旧实验仪器等。

（二）室外防触电

（1）不随意爬电杆、摇晃拉线，不在高压线附近打鸟、放风筝，不随意损坏电力设备等。若风筝不幸挂在电线上，一定要马上松手或立即剪断风筝线，避免高压线放电导致触电，并及时联系老师或拨打电力服务热线（95598）反映情况，由专业人员进行清除。

（2）若遇高压线断裂，身处附近的人千万不要跑动，可采用单脚跳或双脚跳方式，远离高压电落地中心点至少20米才可恢复正常行走，避免形成跨步电压［见注意与提醒（五）］。

（3）路面积水时，一定要随时观察路面附近有没有电线断落或者处在运行中的电器设备，如处在积水中的路灯、电动闸门等，避免电线断落或电器漏电而引发触电。

（4）电子标识牌或空调等带电设备电线断头落地时，不能贸然捡起来，应尽量远离。

二、应对与处置

（一）现场自救

如果发现自己不慎触电，首先要保持冷静；其次迅速判断电源位置，及时断开电源；最后及时向相关单位和人员报告。

1. 保持冷静

在触电后的最初几秒，人的意识不会完全丧失，这时保持冷静是成功解脱的关键。

2. 摆脱电源

（1）拉。可用自己未触电的部位抓住电线绝缘处，把电线拉出，摆脱触电状态。

（2）蹬。如果触电时电线或电器固定在墙上，可用脚猛蹬墙壁。

（3）倒。身体往后倒，借助身体重量甩开电源。

3. 及时上报

如触电事故发生于学校应立即上报给老师；如发生于校外应拨打供电局电话（95598），请供电局专业人员维修，避免他人受伤。

（二）现场互救

如果发现他人触电，最重要的是先断开电源，然后转移触电者，根据触电者情况，及时采取抢救措施。

1. 脱离

（1）如果触电地点附近有电源开关或电源插座，可立即拉开开关或拔出插头，断开电源。

（2）如果触电地点附近没有电源开关或电源插座（头），可用有绝缘效果的工具（如干木棒、塑料制品等）断开电源。

（3）如果电线搭落在触电者身上或压在身下时，可用干燥的衣服、手套、绳索、皮带、木板、木棒等绝缘物作为工具，拉开触电者或挑开电线，使触电者脱离电源。

2. 转移

在触电者脱离电源之后，立刻将触电者放到安全的地方，如干燥通风的安全地带，使其仰卧在硬木板或地板上。

3. 判断

及时看、听、试触电者的呼吸和心跳情况。

（1）看。看触电者的胸部、腹部有无起伏动作。

（2）听。用耳贴近触电者的口鼻处，听有无呼吸的声音。

（3）试。试测触电者口鼻有无呼气的气流，再用两手指轻试一侧（左或右）喉结旁2~3厘米凹陷处的颈动脉，有无搏动。

若看、听、试结果，既无呼吸又无动脉搏动，可判定触电者呼吸和心跳停止。

4. 抢救

（1）当触电者未失去知觉时，应安放在空气流通处安静休息。

（2）当触电者已失去知觉，但呼吸及脉搏均未停止时，应解开衣裤，使其呼吸不受阻碍，同时用毛巾擦拭全身，使身体发热。

（3）当触电者失去知觉、心搏骤停、无自主呼吸时，应立即进行心肺复苏，切不可向触电者泼冷水。要及时拨打 120 或 999 急救电话，在专业救援人员来临之前持续做心肺复苏。

三、注意与提醒

（一）插座购买注意事项

插座购买应选择新国标插座，不购买国家禁止生产的万用孔插座。新国标插座的三相插孔与两相插孔分开，有 5 个孔；万用孔插座的三相插孔与两相插孔合在一起，有 3 个孔。

此外，可通过以下方法判断插座是否合格。

（1）掂重量。分量较重的插座，由于其内部所用铜线多、铜片厚，塑料壳严实，符合国家标准。

（2）听声音。质量较好的插座可反复开关自如且声音清脆，质量较差的插座手感生硬、易卡顿。

（3）试手感。质量较好的插座每个插孔的插拔手感适中有弹性，且每个插孔的插拔手感一致；质量较差的插座插拔力度松紧不一，弹性差且易松动，每个孔的手感不同。

（4）看硬度。质量较好的插座电源线手感软硬适中，与插座连接扎实可靠；质量较差的插座电源线手感较软，与插座连接不牢固。

（二）"3C"认证

"3C"认证的全称为"强制性产品认证制度"，英文缩写为"CCC"。它是各国政府为保护消费者人身安全和国家安全、加强产品质量管理、依照法律法规实施的一种产品合格评定制度。购买电线、开关等电器产品时，一定要选择"3C"认证产品。

（三）合格电器检测方法

（1）检查产品产地证书。选择产品带有"中国标准化认证""CCC"字标或产品检验合格证书的产品。

（2）检查产品标识。选择标注牌照号、生产厂家名称、联系方式等信息的产品。

（3）检查核对证书号。选择包装或产品底部带有质检部门发放的证书号等认证信息的产品，可通过进入相关网站查询证书的有效性，判断产品是否合格。

（四）用电安全小口诀

安全用电要牢记，人人安全万事利。

三无电器不要买，湿手不要摸电器。

电器不可常开启，用电之后要关闭。

杆塔变台不能登，远离电线放风筝。

电线落地不要捡，保持距离防触电。

（五）跨步式电压触电

跨步式电压触电是指当高压电线落到地面上时，人员一旦踏入周围区域，两脚之间存在相当高的电压差，当人员双脚同时踩在不同电位的地面时，因双脚间具有电位差而引起的电击事故。当发觉自己或他人受到跨步电压威胁时，可采用单脚跳跃法和双脚跳跃法，迅速跳至接地点 20 米以外处。

（1）单脚跳跃法。将一只脚向前蹬出，另一只脚向后蹬出，保持单脚跳跃姿势，不使两只脚同时接触到不同电势的地面。

（2）双脚跳跃法。双腿合拢渐渐跳到安全范围，跳跃时要尽量保证双脚同时离开地面，跳跃的高度要足够高，以确保两脚并拢着地。

四、想一想

1. 课间活动时，同学亮亮看到学校里有一根电线掉落在地上，害怕同学们会踩到触电，便想捡起来搭在高处，亮亮刚碰到便触电了。如果你正巧发现，应该如何做？

2. 明明在手洗衣服后，打算使用洗衣机将衣服甩干，但发现洗衣机插头未连接插座，使用湿手去连接插座，随即触电。

（1）你认为明明的做法对吗？

（2）如果是你，会怎么做？

第四章 溺 水

溺水又称淹溺，指的是人淹没于水中导致窒息。溺水会对人体造成巨大伤害，溺水时间超过 5 分钟，极有可能因窒息时间过长导致死亡。《2022 中国青少年防溺水大数据报告》显示，因溺水造成的伤亡位居我国 0~17 岁年龄段首位，占比高达 33%。掌握必要的防溺水安全知识，学会自救互救，是保障生命安全的关键。

一、风险与预防

（一）溺水风险

（1）在发生时间上，学生溺水事件在一年中时有发生，但是总体来说，夏秋季比冬春季多，节假日比工作日多。其中，中午、放学后、双休日、节假日及暑假是溺水高发时段。

（2）在发生地点上，溺水主要容易发生在湖泊、水库、深水潭、海边及学校周边的坑塘、河流、排水沟等水域。

（二）预防溺水

1. 游泳前的准备

（1）不可私自下水游泳。下水须有教师或家长陪同，不到不知水情或比较危险且易发生溺水事件的地方去游泳。

（2）做好下水前的准备。先活动活动身体，如跑步、做徒手操及模仿游泳动作等。如果水温太低，应先在浅水处用水淋洗身体，待适应水温后再下水游泳。

2. 学会安全游泳

（1）对自己的水性要有自知之明，下水后不逞能，不贸然跳水或潜泳，更不得互相打闹，以免呛水和溺水。

（2）要清楚自己的身体健康状况，平时四肢易抽筋者不宜游泳或不可到深水区游泳，更不可在酒后游泳。若在游泳中突然感到身体不舒服，如眩晕、恶心、心慌、气短等，要立即呼救或上岸休息。

（3）游泳时间不宜过长，20～30分钟后应上岸休息一会。游泳活动一般在饭后一小时进行，否则容易引起消化不良，严重时会引起肠胃病。

3. 预防意外落水

（1）不在开放性、无安全设施的水域旁边玩耍、追赶打闹，应到设有安全设施和救援人员的正规场所游泳。

（2）下水或乘船前要正确穿戴救生衣，划船或乘船时要坐好，不在船上乱跑，或在船舷边洗手、洗脚。

尤其是在乘坐小船时不可摇晃，也不可超载行船，以免小船被掀翻或下沉。

（3）严禁青少年私自外出钓鱼，水边的泥土沙石长时间被水浸泡，变得很松软或长出一层苔藓，稍有不慎，会滑入水中或摔伤。

二、应对与处置

（一）现场自救

（1）水中发生危险，需做到"三要两不"：①尽可能使鼻子露出水面呼吸，呼气要浅，吸气要深；②周围有木板要抓住，借用木板的浮力使自己的身体尽量往上浮；③保持冷静，不紧张，不乱扑腾。紧张和乱扑腾会使身体失去平衡，更容易迅速沉入水中。

（2）水中抽筋处置方法：①手指抽筋：可将手握拳，然后用力张开，迅速反复多做几次，直到抽筋消除为止；②上臂抽筋：可握拳、屈肘关节，再用力伸直，反复几次；③小腿或脚趾抽筋：先深吸一口气仰浮水上或沉入水中，用一只手握住抽筋肢体的脚趾，并用力向身体方向拉，同时用另一只手压在抽筋肢体的膝盖上，帮助抽筋腿伸直；④大腿抽筋：需拉长抽筋肌肉，先吸一口气仰浮水上，可用手抓住同侧脚踝，将小腿往后弯曲，使大腿前肌肉拉直；也可抬起痉挛的大腿和身体成直角，手抱小腿用力屈膝。

（3）遇到水草时，不要继续向前游，应以仰泳姿势从原路返回，避免水草绕住肢体。一旦被水草缠住，不要乱蹬，可仰躺在水面上，一手划水，一手解开缠在身上的水草。

（4）遇到旋涡时，应立即吸口气潜入水中，然后用力向外冲出，待游出涡心后再浮出水面，并迅速离开旋涡地区。

（5）在水中发生呛水时，应保持冷静，克制咳嗽感，先在水面上闭气静卧片刻，再将头抬出水面，边咳嗽边调整呼吸动作，待气管内的水分排出后，呼吸就会恢复正常。

（二）现场互救

1. 立即救援

大多数学生为未成年人，体质单薄，且未掌握营救溺水者的技能。当发现别人溺水，学生们切忌盲目跳入水中施救，也不可手牵手试图将落水者拉上岸。如果随身带有电话，应第一时间拨打119、110、120等救援电话，准确告知发生溺水的位置，寻求专业人员救援。同时，可向学校及周围能提供救援的成人求援。

2. 溺水者离岸较近，借助物体牵引

人员落水初期往往离岸较近，此时可采用近岸牵引方式快速营救。进行牵引式营救时，要尽可能借助略长略粗的竹竿或树枝等工具进行。

如果事发地找不到竹竿或树枝，可脱下衣物或书包作为牵引物施救。长度不够时可把衣服连接加长，握住一端，把另一端抛给溺水者。如果衣物较轻柔，不便于抛扔和抓握，可以在远端（如衣袖、裤腿）打结后装入一小块重物，提高抛投质量和效率。

3. 溺水者离岸较远，抛投漂浮物品

当溺水人员离岸较远无法进行牵引营救或在现场一时无法找到足够长度的牵引工具时，可以采用向溺水人员抛投漂浮物品的方式进行营救。

1）专用救生设备

抛投救生圈和救生衣等专用救生设备。救生圈由漂浮材料制成，四周还有便于溺水者抓握的绳索，一般还配有长绳，可以让营救人员把溺水者拉回岸边。此外，救生衣也是很好的漂浮物品。

2）自制漂浮物

自己随身携带的篮球、足球、水壶、水瓶、饭盒以及附近能找到的油壶、洗衣液桶、泡沫包装箱等都是很好的漂浮物品。另外，现场的枯草、秸秆等塞入书包或包裹在衣物中，也是非常实用的漂浮物。

3）利用绳索提高漂浮物抛投准确率

营救溺水者时，可将绳索一端系在漂浮物上进行抛投，当抛投不准时，通过绳索牵引将漂浮物拉回，赢得更多的营救机会，直至溺水者抓到漂浮物，营救人员将其拉回岸边。

如果溺水现场没有绳索，可将衣物、布单撕成布条使用，也可用藤条、废电线等代替，还可以把毛衣的线头拽出使用。不用担心这些绳索强度不够，因为牵引绳并不需要将落水人员拉离水面，而只需把他们通过水面牵引到岸边即可。

4. 救起溺水人员后怎么办

当把溺水者营救上岸以后，应第一时间对其身体情况进行判断，并立即展开急救。

溺水者若有意识，心跳呼吸也能正常进行，则不需要特别措施，只需陪伴在旁边。因为体温低于 30 ℃ 可能发生心跳停止，应尽量为其提供一些干燥暖和的衣物进行保暖。如溺水者自身有其他不良反应，则应将其送往医院进一步观察。

溺水者若无意识，对于施救者的呼喊没有反应，但是胸腹部有上下起伏，说明还有呼吸，无须特别处理。应及时拨打急救电话并陪伴在溺水者身边直至急救车到来。

溺水者若无意识、无呼吸音、无脉搏，并且在 5~

10 秒内没有观察到胸腹部有上下起伏，则溺水者已经没有了呼吸和心跳。此时，应马上实施心肺复苏。特别要注意的是，溺水者的心肺复苏，和一般心搏骤停处理程序不同，应该先从人工呼吸开始。先做 5 次人工吹气，然后再按照 30 次胸外按压和 2 次人工呼吸的比例进行心肺复苏操作，直至溺水者恢复意识和呼吸或者急救人员到来。

三、注意与提醒

（一）警惕六种常见溺水表现

（1）溺水者的嘴会没入水中再浮出水面，没有时间呼救。

（2）溺水者手臂可能前伸，但无法划水向救援者移动。

（3）溺水者在水中是直立的，挣扎 20～60 秒后下沉。

（4）溺水者眼神呆滞，无法专注或闭上眼睛。

（5）溺水者的头可能前倾，头在水中，嘴巴在水面。

（6）表面看起来是在发呆，如经询问没有反应，需要立即伸出援手。

（二）防溺水"六不"

（1）不私自下水游泳。

（2）不擅自与他人结伴游泳。

（3）不在无家长或教师带领的情况下游泳。

（4）不到无安全设施、无救援人员的水域游泳。

（5）不到不熟悉的水域游泳。

（6）不熟悉水性的未成年人不擅自下水施救。

四、想一想

1. 你的好朋友明明邀请你放学后去河边游泳，并大胆保证不会有任何危险。面对好朋友的邀请，你应该如何处理？

2. 你和亮亮在游泳馆游泳过程中，亮亮突然小腿抽筋。此时，你应该如何帮助亮亮呢？

第五章 踩 踏

踩踏事故是指在空间有限、人群密集的场所中，出现拥挤、混乱和相互推挤等现象，导致大量人员被挤伤或窒息致死的事故。校园、车站、商场等人群聚集场所，易发生踩踏事故。一旦发生，往往会造成严重后果。

一、风险与预防

（一）踩踏风险

1. 校园踩踏风险

（1）多发时间段：校园踩踏事故多发生在上下课、课间活动、就餐上厕所和应急演练等时段。

（2）多发地点：校园踩踏事故多发生在教学楼层与层之间的楼梯转角处、上下楼梯狭窄通道、操场、礼堂、食堂、厕所等人员密集场所。

（3）易发人群：校园踩踏事故多发生在自我控制和自我保护能力较弱的中小学生身上。

（4）危害性：易造成身体受伤、内脏损伤、窒息和死亡等严重后果。

2. 其他场所踩踏风险

（1）易发地点：车站、机场、大中型营业性餐馆、大中型商场、超市、大中型医院礼堂、娱乐活动场所、体育场所和宗教场所等人群密集的场所。

（2）易发时间：重大节日、举办大型活动和聚会等时间段。

（二）踩踏预防

1. 牢固树立警觉意识

（1）发现出口通道有障碍物、堆积物，楼道过道、护栏扶手存在安全隐患，要及时报告老师或工作人员。

（2）看到人群密集处，尽量避免前往。

（3）身处拥挤的人群中，保持警觉，时刻保护好自己。

2. 掌握防踩踏知识

（1）在学校可错时放学、就餐、下楼和上卫生间，明确往返路线，保持安全距离、礼貌让行，防止拥挤堵塞。

（2）在拥挤的狭窄场所，注意观察周围，如人群聚集、秩序混乱等情况。如果发现异常情况，要及时向老师或工作人员报告。

（3）了解紧急疏散路线，记住出口、逃生通道的位置。

（4）举止文明，人多的时候不起哄、制造紧张或恐慌气氛。

（5）上下楼梯、台阶时，不追逐打闹，注意安全，抓牢扶手。

（6）面对拥挤人群时，保持镇静，不被恐慌情绪感染，心理暗示自己要镇静。

（7）在拥挤的人流中，不随便俯身捡拾东西或系鞋带等，防止被挤倒在地面。身边有坚固可靠物，尽快抓住慢慢走动或停住，待人群过去后再迅速离开现场。

（8）在无法自主控制前进方向的时候，不停、不硬挤、不逆行。

3. 积极参加防踩踏演练

熟悉逃生示意图，认真参加防踩踏演练。警报信号响起，听从老师指挥，迅速离开教室，在走廊快速列队，有秩序地按指定路线向安全地带撤离。

二、应对与处置

（一）现场自救

1. 发觉拥挤

（1）看到拥挤情况，须做到"三不一要"。"一不"凑热闹，迅速离开现场。"二不"盲目跟随周围人流移动，脚下稳住重心。"三不"被磕倒、绊倒。"一要"及时拨打救援电话、报告老师或工作人员，请求救援。

（2）当人群向着自己行走的方向涌来时，要先稳住双脚，并尽量靠墙或抓住楼梯扶手等牢固物体以稳住身体，切记远离玻璃窗，以免因玻璃破碎而被扎伤，待人群过后，迅速离开。

2. 陷入拥挤人群

（1）若人流量较大，移动速度较慢，可左手握拳，右手握住左手手腕，双肘与双肩平行，放在胸前。肘部能够保护自己不被挤压，给心肺留出呼吸空间。

（2）若发现在拥挤的人群中，前面有人突然跌倒，要马上停下脚步，并大声呼救，告知后面的人不要继续向前。自身保持双肘在胸前，形成牢固而稳定的三角保护区姿势，微弯下腰，降低重心，低姿态前进，防止摔倒。

（3）若被人群挤倒，要设法靠近墙角，双手在颈后紧扣，护住后脑和后颈部；两肘向前，护住双侧太阳穴；双膝尽量前屈，身体蜷成球状，护住胸腔和腹腔重要脏器。

（4）若不能靠近墙角，倒下时，身体要呈弓形，并继续保持手部姿势，以保护头部和胸部等重要器官。

（二）现场互救

若发现身边同伴摔倒，尽量拉起来。若未成功拉起，采用人体麦克风法。迅速与周围人简单沟通，让他们意识到有发生踩踏的危险。自己先喊"一、二"，然后和周围人一起大声喊"后退"。并反复呼喊，在核心圈形成一个稳定的呼喊节奏后，把声音传递给拥挤人群的最外围。如果身处拥挤人群的最外围，听到"后退"，意识到这是踩踏事故的预警信号，带动周围的人一起迅速撤离疏散，并赶紧拨打110和120电话。

三、注意与提醒

（一）防踩踏口诀

楼道疏散防踩踏，前后跟进莫推拉。

进入楼梯靠右走，不慌不忙莫停留。

不推不挤不追逐，不跑不跳不打闹。

人多不做恶作剧，防止慌乱扰秩序。

拥挤两脚分开立，防止被人推倒地。

丢鞋丢物不要捡，正确判断不逆行。

（二）踩踏自救口诀

紧急侧卧，双手扣颈。

护住头部，蜷缩成团。

并腿收拢，全身紧绷。

（三）保持镇静的方法

调整呼吸，保持呼吸通畅。具体方法为：身心处于放松状态，使用鼻子吸气达到腹部鼓起时可以屏气。在屏气5秒以后，嘴巴留出小口，缓慢吐出气体。

（四）多人疏散方法

多人疏散时，要排成一列纵队，后者胳膊搭在前者肩膀上；若仍不能抵挡人潮，可一只手臂屈臂抵住前者后背。

四、想一想

1. 某中学正下晚自习，400多名学生从教学楼前往宿舍楼，并选择离宿舍楼最近的楼梯口进入。有几个调皮的男生在楼梯口打闹，堵住了出口，还制造恐慌情绪，楼上的学生不知道楼梯口被堵，硬挤入拥挤人群，最终导致拥挤踩踏事故的发生。

（1）造成踩踏事故的原因？

（2）如何避免踩踏事故的发生？

2. 某小学发生一起踩踏事故，造成多名学生受伤。经查明，导致事故的原因是一楼过道放置杂物，造成通道不畅，先期下楼的学生在通过障碍物时不慎跌倒，后续下楼的大量学生不明情况，继续向前拥挤造成相互叠加挤压，导致学生严重伤亡。

假如你面对此情况，会如何自救？

第六章　校园设施事故

校园设施引发的校园安全事故时有发生，严重威胁生命健康。常见的校园设施包括建筑物、构筑物、悬挂物和特种设备（电梯和自动门）。远离危险的校园设施、掌握应对方法是保护自身生命安全的关键。

一、风险与预防

（一）校园设施事故风险

（1）校园建筑物（宿舍、食堂、教师公寓、教学楼、办公楼、图书馆、实验室、操场和校门）、校园构筑物（旗杆、围墙、车棚、石雕、展板、宣传栏、种植池和校园标识等）和校园悬挂物（天花板上的吊灯和报告厅舞台灯等）因老化、年久失修等因素，易发生倒塌事故、墙体外部瓷砖脱落伤人事故和坠落事故。

（2）特种设备中，电梯故障易引发电梯冲顶、蹲底事故；自动门故障易发生夹伤、漏电事故。

（二）校园设施事故预防

1. 预防校园建筑物、构筑物和悬挂物倒塌、坠落事故

（1）远离存在危险的建筑物，如地基失稳，局部或整体出现塌陷的房屋；发出爆裂声、噼啪声等异常声音的房屋；出现严重裂缝的承重柱、梁、板；可能掉落的外墙瓷砖。

（2）远离存在危险的构筑物，如出现松动、倾斜或晃动等现象的旗杆；有裂缝、倾斜、地基塌陷的车棚墙体、围墙；有腐蚀损坏的石雕、水池；出现不牢固、松动、老化等现象的宣传栏和校园标识。

（3）远离存在危险的悬挂物，如出现松动的风扇和摇晃的报告厅舞台灯等。

（4）远离有损坏的玻璃、门窗、楼梯扶手或有尖锐凸起物的设施设备。

（5）远离有"当心高空坠物""注意安全"等警示标志的区域，绕道而行。

2. 预防电梯事故

（1）等候电梯时，要靠边站立。

（2）进电梯时，要留意脚下情况，不低头玩手机；禁止试图用手、拐杖、棍和棒等物品阻止轿厢门的关闭。若电梯满员，耐心等待电梯，不可拥挤进入电梯厢。

（3）电梯运行时，尽量远离电梯门站立。若轿厢内有扶手，可握好扶手站稳。

（4）不在电梯轿厢内打闹、玩耍，不随便按压操作面板。

（5）出梯要看轿厢内的层站指示器，提前做好出梯准备。

3. 预防自动门夹伤事故

（1）有序通过自动门。

（2）在门即将关闭或门已关闭时，不强行通过自动门。

（3）当自动门处于自动感应状态时，不长时间停留在感应区或自动口内。

（4）切勿用外力堵塞自动门、撞击自动门或损坏自动门设备和门体。

4. 及时反馈安全隐患

"二要"：一要谨慎躲避，加以预防，懂得自我保护；二要及时提醒同学和告知教师，将安全隐患反馈给学校处理。

"一切记"：切记不能故意破坏学校设施设备。

二、应对与处置

（一）建筑物、构筑物倒塌应对与处置

（1）小心移动身体，以防被残骸砸伤。

（2）捂住口鼻，防止粉尘污染。

（3）如身边有金属器具，敲击倒塌物，发出求救信号，等待救援。

（4）用毛巾、衣服或手捂住口鼻，设法将手与脚挣脱开，并利用双手和可以活动的其他部位清除压在身上的各种物体。用砖块、木头等支撑住可能塌落的物体，尽量将"安全空间"扩大，保持足够的空气呼吸。

（5）被困时尽量将身体弯曲成胎儿的姿势，并尽量靠近体积大的物体。

（二）建筑物、构筑物或悬挂物坠落应对与处置

1. 寻求帮助

若被建筑物（墙皮、瓷砖等）、构筑物（旗杆、围墙等）或悬挂物（吊扇、舞台灯等）坠落砸伤，立即寻求帮助，拨打急救电话请求救护车前来救助。

2. 注意观察症状

若伤口较严重，需采取止血措施。用消毒纱布或干净的毛巾覆盖在伤口上，并保持住手臂或腿的高位，让血流向心脏，减少出血。若出现头痛、眩晕、恶心和呕吐等症状，时刻观察症状，情况严重，尽快送医院治疗。

（三）乘坐电梯时发生故障应对与处置

1. 电梯被困自救

（1）保持镇定。不采取过激行为，如乱蹦乱跳等。

调整呼吸，尽量平稳、缓慢地吸气与呼气。

（2）第一时间寻求帮助。利用一切可以联系到外界的方法，如使用电梯内的电话或按下标盘上的警铃报警。若手机有信号，被困者可拨打119电话，向消防员求助。若无警铃且手机无信号时，可拍门叫喊，请求营救。

（3）等待救援。禁止强行推开电梯内门，在专业人员前来进行救援时，听从救援人员的指挥，配合救援行动，保证安全。

2. 电梯坠落自救措施

（1）拨打119电话求助。

（2）迅速按下每层楼的按键，当紧急电源启动时，电梯可以马上停止继续下坠。

（3）整个背部和头部紧贴电梯内墙，运用电梯墙壁作为脊椎的防护，减少对关节、脊椎的伤害。膝盖呈弯曲姿势，借用膝盖弯曲来承受重击压力。脚尖点地、脚跟提起以减缓冲力。

（4）若电梯内有扶手，最好紧握扶手，防止因重心不稳而摔伤。若电梯内没有扶手，用手抱颈，避免脖子受伤。

（5）耐心等待救援。

（四）自动门夹伤应急措施

（1）及时按下自动门上的紧急制停按钮。

（2）求助周围的人拨打119电话，向消防员求助。

（3）禁止强行抽出被夹的身体，在专业人员前来进行救援时，听从救援人员的指挥，配合救援行动。

三、注意与提醒

（一）倒塌事故

遇到倒塌事故，被困废墟时，切勿一直大声呼喊，消耗大量体力。最佳方法是养精蓄锐，等待救援到来后大声求救。

（二）冲顶事故与蹲底事故

电梯故障易引发冲顶或蹲底事故。冲顶事故是指电梯失去控制，突然快速上升，直接撞在电梯井上的电梯使用事故。蹲底事故是指电梯在运行过程中，突然出现急速下滑或在下行时无法有效停止，冲向底坑，造成人员受伤的事故。

（三）乘坐电梯口诀

乘电梯，讲秩序。门关闭，身莫挡。

遇困梯，莫扒门。呼应急，护安全。

四、想一想

1. 明明和两名同学在教学楼后侧打闹，其间对松动的宣传栏进行了摇晃和拖拽，导致宣传栏倾倒，致使一死两伤。该案例给你什么启示？

2. 亮亮在学校篮球场观看篮球比赛时，篮球场一侧围墙突然倒塌压住了他的身体，导致他无法动弹，他该如何自救？

3. 乘坐电梯时，我们需要注意什么？

第七章　网络诈骗

网络诈骗是指以非法占有为目的，利用互联网采用虚构事实或者隐瞒真相的方法，骗取数额较大的公私财物的行为。在"互联网+"时代，网络信息技术和大数据被滥用所引发的校园网络诈骗问题易造成学生财产损失和精神损伤。一方面，网络诈骗易造成学生经济损失；另一方面，网络诈骗涉事学生易陷入情感或精神困境，产生自卑、焦虑和抑郁等心理问题。防范网络诈骗刻不容缓。

一、风险与预防

（一）网络诈骗的风险

仿冒身份欺诈、购物类欺诈、利诱类欺诈等网络诈骗事件高发，影响学生日常学习与生活。基于此，了解常见网络诈骗手段，防范网络诈骗。常见的网络诈骗类型有以下 7 种类型。

1. 仿冒身份欺诈

仿冒身份欺诈是指通过冒充伪装成亲友、机构单位等身份进行欺诈。其主要包括冒充亲友诈骗，补助救助、助学金诈骗，冒充公检法电话诈骗等。

2. 购物类欺诈

购物类欺诈是指通过各种虚假优惠信息、客服退款、虚假网店等实施欺诈。其主要包括退款诈骗、网络购物诈骗、快递签收诈骗、发布虚假爱心传递、点赞诈骗等。

3. 利诱类欺诈

利诱类欺诈是指以各种诱惑性的中奖信息、奖励、高额奖金吸引用户进行诈骗。其主要包括网络游戏诈骗、娱乐节目中奖诈骗、兑换积分诈骗、二维码诈骗、电子邮件中奖诈骗等。

4. 虚构险情欺诈

虚构险情欺诈是指通过捏造各种意外不测、让用户惊吓不安的消息实施欺诈。其主要包括虚构车祸诈骗、虚构绑架诈骗、虚构手术诈骗、虚构危难困局求助诈骗等。

5. 日常生活消费类欺诈

日常生活消费类欺诈是指针对日常生活各种缴费、消费实施欺诈骗局。其主要包括电话欠费诈骗、订票诈骗、ATM 告示诈骗、引诱汇款诈骗等。

6. 钓鱼、木马病毒类欺诈

钓鱼、木马病毒类欺诈是指通过伪装成银行、电子商务等网站窃取用户账号密码等隐私的骗局。其主要包括伪基站诈骗、钓鱼网站诈骗等。

7. 新型违法欺诈

校讯通短信链接诈骗、复制手机卡诈骗、提供考题诈骗、公共场所山寨 Wi-Fi 诈骗、跨国诈骗、杀猪盘诈骗、AI 换脸诈骗等新型违法诈骗不断涌出。其中，杀猪盘诈骗是指诈骗分子利用网络交友，诱导受害人投资赌博的诈骗方式。AI 换脸诈骗是指通过 AI 人像视频工具，模拟声线和情绪，调整嘴型和其他身体动作，进而生成新的视频表达，实施诈骗的行为。

（二）网络诈骗的预防

网络诈骗有仿冒身份欺诈、购物类欺诈、利诱类欺诈、虚构险情欺诈、日常生活消费类欺诈等类型，应提高警惕性，有效识别并针对性防范网络诈骗。

1. 仿冒身份欺诈

（1）凡是接到自称熟人或领导要求转账的信息，务必通过电话或当面核实确认，特别是接到已经转账但由于大额限制、银行延迟等理由未到账的，在核实确认之前切勿转账。

（2）公检机关不会使用电话办案，无法使用电话转接，不存在"安全账户"，接到此类电话直接挂断。

2. 购物类欺诈

（1）网购时一定要选择正规的购物平台，通过微商、微信群交易时，一定要详细了解商家真实信息，确保商品真实性。交易时最好有第三方担保。

（2）正规网络商家退货退款无须事前支付费用，在接到要求转账汇款的电话后，务必提高警惕，切勿打开屏幕共享功能，切勿将手机验证码、手机号、银行卡号及密码告知他人。

3. 利诱类欺诈

（1）不要轻信陌生号码发来的短信，更不要随意点击陌生链接。

（2）对于常见的服务号或好友号码，也要对短信内容进行甄别，最好回拨电话进行咨询验证。

4. 虚构险情欺诈

接到"绑架""车祸"等勒索信息时应保持冷静，向公安机关报案，切勿轻易转账汇款。

5. 日常生活消费类欺诈

各种银行、支付宝转账要通过官方网站下载的 App 软件进行网银操作，不要轻易向他人泄露银行账号、密码、身份证号和交易验证码等相关信息。

6. 钓鱼、木马病毒类欺诈

（1）对不明链接或下载网址、红包等不要点击，对可疑软件以及未经确认的链接不点击、不下载。

（2）手机安装拦截软件，并定期杀毒。

7. 新型违法欺诈

（1）网络交友需谨慎，不轻易相信陌生人的花言巧语，尤其涉及钱财、个人信息等敏感事项，应谨慎做出决定。

（2）身份信息、银行账户、验证码、各类密码要小心保管，给对方账户转账时要提高警惕、认真辨别。

（3）在与熟人或陌生人视频时，发现可疑情况，可要求对方将一根手指或其他物品放在脸前来回移动，或将脸转左、转右，观察其侧脸是否变形。

二、应对与处置

（一）及时报警

发现被骗后，我们要做到三个"快"。

（1）醒悟时间"快"。

（2）报告老师、家长时间"快"。

（3）报警（110、96110）"快"。

（二）配合调查

积极主动联系警方，提供尽可能多和详细的有助于破案的信息和证据，有利于尽快抓到罪犯，追回损失。

（三）联系家属，要求赔偿

一旦被告人被抓，可要求被告人家属赔偿。

三、注意与提醒

（一）牢记"七个凡是"

（1）凡是自称公检法、国家工作人员要求汇款的，都是诈骗。

（2）凡是要你开通网银接受检查的，都是诈骗。

（3）凡是叫你汇款到"安全账户"的，都是诈骗。

（4）凡是通知中奖、领取补贴要你先交保证金、个人所得税的，都是诈骗。

（5）凡是通知"家属"出事要先汇款的，都是诈骗。

（6）凡是索要个人和银行卡信息及短信验证码的，都是诈骗。

（7）凡是陌生号码（链接）要登记银行卡信息的，都是诈骗。

（二）做到"七个一律"

（1）只要陌生人一谈到银行卡要转账，一律挂掉。

（2）只要陌生人一谈到中奖了要先交税，一律挂掉。

（3）只要一谈到"电话转接公检法"，一律挂掉。

（4）陌生短信让人点击不明网址链接，一律不点。

（5）微信好友发来的不明链接，一律不点。

（6）一提到"安全账户"，一律删除。

（7）以"00"或"+"开头的电话，一律不接。

（三）远离网络游戏诈骗

1. 量力而行，认准官方

游戏消费要量力而行，不要轻信"低价充值"和"高价收购"，买卖游戏道具需通过官方渠道进行。

2. 注意辨别，小心上当

一般以各种名义要你交纳费用的都是诈骗，特别是"交手续费""账号解冻""押金"等，都是骗子的老套骗人手段，切勿上当。

3. 提高意识，保护信息

学生要提高防骗意识，不轻信网友，不乱点链接信息，不在网上兼职，不要相信天上掉馅饼的好事，加强个人信息保护，不轻易泄露个人信息，防止被骗。

4. 保留凭证，及时报警

一旦遭遇诈骗，要准确记录骗子账号、联系方式，保存相关转账凭证、聊天记录，并尽快拨打 110 报警。

（四）微信扫码需谨慎

1. 扫码是诱饵，"吸粉引流"是目的

不法分子在街头以"扫码送礼"的形式吸引路人，在添加好友后，对方将你拉进微信群，用发红包等发福利的手段使你放松警惕。接着群中有人发布刷单、下载 App 等任务，起初完成任务可以领到红包，在你尝到甜头之后，对方又发来一个链接，让你先垫付再给你返现返利，引诱上钩后，最后在你将较大金额打过去之后，对方把你拉黑，连夜跑路。

2. 热心"帮忙"，趁机进行不法操作

有些不法分子假冒店主、摊主等，以新店开业或用红包做诱饵，主动帮你操作，用你的手机将刷单兼职广告图片转发给好友或微信群，又将广告图片全部删除。更有甚者，不法分子用你的手机去注册一些 App 账号，并通过贩卖这些账号牟利。

3. 码里有"毒"，泄露信息

很多不法分子会使用二维码生成器，将黑客病毒程序链接在二维码上。一旦扫描了这些二维码，不法分子便会将木马病毒植入受害者的手机，并自动提取相关信息，短短几秒钟的时间，手机号、卡号、密码等信息，就可能全部被传到他人的手机中。不法分子还会通过各种方式诱导受害者扫描二维码，受害者很可能在不知情的状态下，登录预设网站自动下载木马病毒，导致个人信息被窃取。

□□■【普法小课堂】

《中华人民共和国刑法》第二百八十七条规定："明知他人利用信息网络实施犯罪，为其犯罪提供互联网接入、服务器托管、网络存储、通讯传输等技术支持，或者提供广告推广、支付结算等帮助，情节严重的，处三年以下有期徒刑或者拘役，并处或者单处罚金。"

四、想一想

1. 当你的朋友突然通过微信向你借钱时，你会怎么办？

2. 亮亮沉迷游戏，有人加了他好友，说他能送游戏英雄和皮肤，这位"游戏好友"告知其现在有"扫码转账返利"活动，充值 300 元可返利 500 元，充值 700 元可返利 1000 元。如果你是亮亮，会怎么做？

第八章 食品安全

民以食为天，食以安为先。食品中毒、过敏等事件时有发生，影响身心健康。增强食品安全意识，学会预防和应对食品安全问题，是青少年生命健康的保证。

一、风险与预防

（一）购买食品

购买食品时，存在"三无"产品、食品原料未标明、包装不完整、有鼓包、来历不明、过期、伪劣、假冒等食品风险，易引发食物中毒、过敏等事件。购买食品时需做到以下几点。

（1）查看食品包装有无生产厂家、生产日期，是否在保质期内，食品原料、营养成分是否标明，有无QS标识（"企业食品生产许可"和"生产许可"），包装是否完整无损，有无鼓包（胀袋、胀罐），有无出现异味等。

（2）网购食品或网络订餐应选择合法合规的经营单位，要学会查看店铺"商家信息"中的食品经营许可证、营业执照等信息。

（3）不购买来历不明的食品。

（4）不买不用伪劣、假冒食品。

（5）不购买颜色与正常食品有明显色彩差异的熟食和饮品等食品。

（二）食用食品

食用食品时，存在不干净、不熟、腐烂变质、变形、变味、变色、包装破损或异常的食品风险，易引发食物中毒、过敏等事件，严重损害学生的身体健康。食用食品时需做到以下几点。

（1）养成良好的卫生习惯。饭前、便后洗手，如外出不便洗手时，用酒精棉或消毒餐巾擦手。

（2）生吃的蔬菜、瓜果等食物要洗干净。

（3）不食用腐烂变质的食物和病死的禽、畜肉。

（4）不随意采捕食用野生动植物。

（5）不吃不熟的青豆角、鲜黄花菜等；不吃发芽的土豆；不吃霉变的粮谷和有异味的鸡蛋。

（6）剩饭菜食用前要热透，不吃隔夜变味的饭菜。

二、应对与处置

（一）及时上报

当出现轻度症状（如呕吐、腹泻）时，及时通知班主任或其他老师，向老师说明所在班级、姓名，告知所在的地点。当出现较严重食品卫生事件时，应立即拨打 120 急救电话。

(二) 食物中毒处理方法

1. 自救

催吐：在食物中毒两小时之内的，采取食盐加白开水，搅拌溶解的方法，进行催吐，多喝几次，直到吐干净。如食物黏稠，可饮用温水后，反复进行催吐，直至吐出的呕吐物较为澄澈，饮用温牛奶缓解胃部不适感，并及时就医。

导泻：若食物中毒超过两小时，服用促排泄药物来排泄食物。若不知道食物中毒的原因，应把剩余食物、呕吐物和排泄物带去医院，为医生提供样本。

2. 他救

神志不清、有心跳和呼吸的中毒者：应立即拨打120 急救电话；同时及时清理中毒者口鼻内的呕吐物，中毒者应采用侧卧位，防止呕吐物误吸进入气管，避免窒息。

无意识、没有心跳、没有呼吸的中毒者：应立即拨打120 急救电话；同时在场专业人员及时采取心肺复苏等急救措施。

(三) 食物过敏处理方法

(1) 找到食物过敏源。及时停止食用会导致自己出现食物过敏的食物，找到引起过敏的食物。

（2）冰敷。过敏时可能会出现皮肤红肿、瘙痒等症状，通常情况下，进行冰敷。冰敷时，用纱布或毛巾包裹冰袋后冰敷过敏部位；每次敷 20~30 分钟，每天敷两次到三次，直到过敏症状消失。但若自身存在对低温过敏、局部过敏处皮肤伴随伤口、血液循环不良等情况，不可冰敷，以免加重病情。

（3）药物治疗。如食物过敏比较严重，需及时就医，遵医嘱用药物来进行治疗。

三、注意与提醒

（一）伪劣食品防范"七字法"（防"艳、白、长、反、小、低、散"）

一防"艳"。对颜色过分艳丽的食品要提防，如草莓、西红柿、苹果、桃子、樱桃等。购买时确认是否打蜡或者使用催红素等。

二防"白"。凡是食品呈不正常、不自然的白色，多数情况下存在漂白剂、增白剂、面粉处理剂等化学品，易危害身体健康。

三防"长"。尽量少吃保质期过长的食品，4 ℃贮藏的包装熟肉禽类产品采用巴氏杀菌的，保质期一般为7~30 天。

四防"反"。防反自然生长的食物，如冬天的桃子、西红柿、四季豆、黄瓜等，食用过多可能对身体产生影响。

五防"小"。提防小作坊式加工企业的产品，这类企业的食品平均抽样合格率低。

六防"低"。在价格上明显低于一般价格水平的食品，价格太低的食品大多有"猫腻"。

七防"散"。散就是散装食品，有些集贸市场销售的散装豆制品、散装熟食、酱菜等可能来自地下加工厂。

(二) 常见饮食卫生误区

1. 好热闹喜聚餐

在餐馆或家中聚餐时，最好使用公筷，实行分餐制。

2. 用酒消毒碗筷

医学上用于消毒的酒精度数为75%，一般白酒的酒精含量多在65%以下。用白酒擦拭碗筷，达不到消毒的目的。

3. 用卫生纸擦拭餐具

卫生纸易在摆放过程中被污染，用其擦拭碗筷，不能将餐具擦拭干净。

4. 用毛巾擦干餐具或水果

用洗洁剂和自来水彻底冲洗过的食品才基本洁净，可放心食用，无须用干毛巾擦拭。

5. 用白纸或报纸包食物

白纸含有很多化学成分，会污染食物。印刷报纸时，会用许多油墨或其他有毒物质，对人体危害极大。

6. 把水果烂掉的部分削掉再吃

把水果已烂掉的部分削去，剩余部分也已感染细菌，可导致人体细胞突变而致癌。

（三）预防毒蘑菇中毒的措施

1. 不要随意采摘

尽量不要采摘野生蘑菇，即使是看起来与食用菇相似的蘑菇也不能掉以轻心。

2. 不要随意购买

勿随意在路边摊购买蘑菇。即使是在正规市场购买时，也尽量选择常见品种。

3. 不要随意食用

集体聚餐时尽量不要食用野生蘑菇，避免发生集体中毒事件。

四、想一想

1. 明明吃了发芽的土豆后，发生昏厥、呕吐等食物中毒的不良症状。想一想，还有哪些食物易引发食物中毒?

2. 同班同学从家带来花生,分给小伙伴,亮亮吃后出现浮肿等过敏现象。假如你是亮亮,应采取哪些措施?

第九章　传　染　病

传染病是指由病原微生物感染人体后，产生的有传染性且在一定条件下可广泛传播的疾病。学校人员密集，社交距离近，发生传染病的概率较高。一旦发生传染病，波及范围广，需引起重视。

一、风险与预防

（一）呼吸道传染病的风险与预防

1. 呼吸道传染病的风险

呼吸道传染病多发于冬春季节，主要通过飞沫传播，包括流行性感冒、流行性腮腺炎、麻疹、风疹等。其中，流行性感冒是常见的呼吸道传染病，感染后会出现发热、头痛、流涕、咽痛、干咳，全身肌肉、关节酸痛不适等症状。

2. 呼吸道传染病的预防

（1）尽量少去人群密集的公共场所，外出要戴医用外科口罩，不与人近距离交谈。

（2）勤洗手，及时进行手部消毒，勤开窗通风。

（3）避免随地吐痰，咳嗽和打喷嚏时要捂住嘴。

（二）消化道传染病的风险与预防

1. 消化道传染病的风险

消化道传染病多发于夏季，通过喝水、进食等方式传播，主要包括细菌性痢疾、诺如病毒感染、伤寒、副伤寒等。其中，诺如病毒较为常见，感染后会出现恶心、呕吐、腹痛、腹泻等，有时还伴有发热、头晕、肌肉酸痛、寒战等全身症状。

2. 消化道传染病的预防

（1）养成良好的卫生习惯。

（2）不喝生水、不吃不干净的食物、不用不干净的杯子喝水和碗筷吃东西，防止病从口入。

（3）不与患消化道传染病的人接触，不用他们的食具，不吃患者剩下的食物。

（4）生吃瓜果蔬菜要洗干净，吃东西前洗手。

（三）虫媒传染病的风险与预防

1. 虫媒传染病的风险

虫媒传染病多发于春夏季，通过蚊子、苍蝇、虱子、跳蚤、蜱虫、螨虫、臭虫等叮咬传染，主要包括流行性乙型脑炎、鼠疫、莱姆病、登革热等。其中，流行性乙型脑炎较为常见，被蚊子叮咬传播，感染后会出现发热、恶心、呕吐、头痛等症状；严重时可出现高热、意识障碍、抽搐等症状。

2. 虫媒传染病的预防

（1）去蚊虫多的地方要穿长衣长裤。

（2）裸露皮肤涂抹驱避剂。

（四）直接接触性传染病的风险与预防

1. 直接接触性传染病的风险

直接接触性传染病是指不通过外界因素作为媒介，与传染源直接接触导致的疾病，包括水痘、手足口病、淋病、梅毒、尖锐湿疣、出血性结膜炎、狂犬病等。

2. 直接接触性传染病的预防

（1）不与患者共住一个房间，不与患者共用个人用品，如毛巾、剃须刀等。

（2）不与患者共用餐具、共同进餐。

（3）一旦出现接触，应及时就医。

二、应对与处置

（一）自我感染及时处置

如果发现自己出现发热、腹泻、皮肤红肿、眼结膜红肿等不良症状，应及时上报，自觉隔离，合理就医。

1. 及时上报

立即向社区和学校报告，报告时应说清发病时间、发病症状、发病前后是否与他人接触、有无其他人有类似症状等。

2. 自觉隔离

（1）定期开窗通风。尽量保持房间长期通风，促进室内空气流通，如不具备自然通风条件，可用排气扇等辅助通风。

（2）加强环境清洁。定期对房间进行清洁消毒，感染者用过的纸巾、口罩等废弃物尽量单独存放，并每天清理，清理时应扎紧塑料袋，避免出现遗撒。感染人员用完卫生间后应及时消毒，坐便器冲水时，先盖马桶盖再冲水。若有单独卫生间，感染人员与未感染人员保持单独使用。

（3）清洁个人用品。感染人员与未感染人员尽量不共用生活用品，感染者个人物品应单独放置，且与其他成员分开洗涤。餐具使用后应清洗和消毒，可选择煮沸或流通蒸汽消毒 15~30 分钟，或用有效氯 500 mg/L 的含氯消毒剂浸泡消毒 30 分钟，消毒后清水冲净。

3. 合理就医

（1）做好防护。进出医院应做好防护措施，如戴口罩、穿防护服、勤洗手等，避免将病原体传播给他人。

（2）配合治疗。积极配合医生做相应的治疗，服从相关隔离安排。

4. 养成良好生活习惯

加强体育锻炼，增强免疫力；合理休息，避免过度劳累；合理膳食，避免暴饮暴食，避免接触烟酒。

5. 保持积极乐观心态

对疾病要有正确的认识，保持积极乐观的心态和良好的生活状态，有利于疾病的恢复。

（二）他人感染合理应对

如果发现他人出现发热、腹泻、皮肤红肿、眼结膜红肿等不良症状，应远离传染源，督促感染人员及时就医，养成良好生活习惯，做好自我防护。

（1）对已经确诊为传染病或者疑似携带传染病病毒的学生，应当自觉与之隔离，对于他们去过的地方、用过的物品都应进行消毒。

（2）观察同班、同寝室、同时进餐的同学，督促有可疑症状的学生及时就医检查，尽可能减少传播机会。

（3）鼓励已传染的学生认真配合治疗，避免由于患病而引起内心恐慌。

三、注意与提醒

（一）远离流浪猫狗

流浪猫狗身上携带寄生虫和病毒，如弓形虫、犬瘟热病毒、猫瘟热病毒和猫鼻支原体等。遇到流浪猫和流浪狗要远离，不用手接触，尽量避免投喂。如果出现身体接触，进行清洗消毒。一旦被流浪猫抓伤、流浪狗咬伤，要及时接种对应疫苗。

（二）传染病口诀

1. 预防传染病口诀

少出门，少集聚；出门时，戴口罩。

打喷嚏，捂口鼻；喷嚏后，慎揉眼。

2. 应对传染病口诀

疾病来临会应对，传染病就速速跑。

发现身体有状况，及时上报给学校。

开窗通风要定期，环境清洁要加强。

做好防护勤治疗，及时就医诊断好。

饭前便后常洗手，定期消毒别忘掉。

饮食清淡是最好，适度锻炼免疫好。

（三）七步洗手法

七步洗手法可以简单记为："内、外、夹、弓、大、立、腕"。

第一步（内）：洗手掌，流水湿润双手，涂抹洗手液（或肥皂），掌心相对，手指并拢相互揉搓。

第二步（外）：洗背侧指缝，手心对手背沿指缝相互揉搓，双手交换进行。

第三步（夹）：洗掌侧指缝，掌心相对，双手交叉沿指缝相互揉搓。

第四步（弓）：洗指背，弯曲各手指关节，半握拳把指背放在另一手掌心旋转揉搓，双手交换进行。

第五步（大）：洗拇指，一手握另一手大拇指旋转揉搓，双手交换进行。

第六步（立）：洗指尖，弯曲各手指关节，把指尖合龙在另一手掌心旋转揉搓，双手交换进行。

第七步（腕）：洗手腕、手臂，揉搓手腕、手臂，双手交换进行。

□□■【普法小课堂】

《中华人民共和国传染病防治法》第三十一条规定："任何单位和个人发现传染病病人或者疑似传染病病人时，应当及时向附近的疾病预防控制机构或者医疗机构报告。"

四、想一想

1. 流行性感冒流行期间，明明召集同学参加他的生日聚会，第二天明明便发现自己出现流鼻涕、发烧等症状。假如你是明明，应该怎么做？

2. 假如你的同学不幸感染肺结核，你会如何与他相处？为什么？

第十章　毒品与危害

　　毒品是指鸦片、海洛因、甲基苯丙胺（冰毒）、吗啡、大麻、可卡因以及国家规定管制的其他能够使人形成瘾癖的麻醉药品和精神药品。吸毒会损害身心健康，主要表现为出现幻觉、思维障碍、身体免疫力降低，易引起艾滋病、肝炎、结核等传染病，还会出现伤人或自杀等危险行为。增强青少年识毒、防毒、拒毒能力，提高青少年自觉抵制毒品意识刻不容缓。

一、风险与预防

（一）毒品风险

1. 易吸毒高发场所

　　社会上一部分娱乐场所（舞厅、夜总会、迪厅、KTV、酒吧、网吧、休闲会所、农家乐等）管理时常不到位，易发生吸毒违法犯罪活动。一旦走进就身不由己，陷入深渊。

2. 易吸毒人群

　　从年龄划分，易吸毒人群以青少年为主，大多数吸毒人员在"朋友"的怂恿下坠入毒品深渊。

（二）毒品预防

1. 永远不尝第一口

好奇心和冒险心往往成为毒品侵蚀的温床。要提高自己的自控能力，千万不要去尝试吸毒的滋味，不要相信"吸一口没事""吸一次不会上瘾"这些谎言。

2. 寻求正确的情绪疏解方法

当遇到情绪低落、苦闷沮丧时，应寻求正当健康的疏解方法。如因一时空虚靠毒品疏解，只会坠入罪恶深渊。当我们遇到困难和挫折时，要及时找老师和父母，说出自己的心里话，不要自我封闭。

3. 树立正确的用药观念

健康的身体、饱满的精神，必须依靠适当的营养、运动与休息。当身体不舒服时必须去正规医院求医问药，不胡乱吃药，更不用毒品来提振精神或治疗病痛。

4. 发现同伴吸毒及时报告

如果发现身边的朋友或同学目前正在吸食毒品，一定要第一时间报告给老师或其监护人，同时要劝说其自愿戒毒。如果劝说无果，则报警让其强制戒毒。

5. 新型毒品"披上"花式伪装

近年来，各种新型毒品经过乔装打扮改头换面，极具隐蔽性，青少年需提高警惕。

二、注意与提醒

（一）新型毒品

近些年，由于对毒品的不断打击，越来越多极具伪装性的新型毒品开始涌现。作为青少年的我们，要能够准确识别"变化多端"的新型毒品，更好地保护自己。

1. 大麻巧克力

外观特点：类似于正常巧克力，但外包装简陋、没有注明成分或仅有外文说明。

滥用危害：强烈致幻，导致判断力下降，诱发车祸、自残或暴力行为。

2. 大麻糖果

外观特点：外形及颜色与一般小熊软糖无异，部分更以胶包装，与普通糖果一样。

滥用危害：服用后出现食欲减退、性情急躁、容易发怒、呕吐、产生幻觉等。

3. "果冻"

外观特点：和市面上的食用果冻高度相似，其外包装有标记用来区分口味和成分。

滥用危害：服用出现致幻、臆想症、双重人格、兴奋、自残或暴力行为。

4. "可乐"

外观特点：红色瓶装液体，外包装与普通可乐无区别。

滥用危害：微量吸食就会致人产生幻觉，引起全身高热发狂症状。

5. "奶茶"

外观特点：粉末状，与咖啡、奶茶相似，多用奶茶、咖啡、茶叶包装掩饰。

滥用危害：喝下后容易极度亢奋，情绪变得脆弱不稳定，心慌、意识模糊，产生幻觉，甚至陷入昏迷。

6. "跳跳糖"

外观特点：呈碎片或颗粒状，包装与跳跳糖相似，遇水即溶。

滥用危害：服用后，大脑处于兴奋之中，会对大脑造成不可逆的损伤。

7. 致幻邮票

外观特点：形似小型邮票、印着花花绿绿的卡通图案。

滥用危害：一般嚼食或舌下含服，强烈致幻，导致心动过速、身体麻痹、极度焦虑、精神障碍。

8. "聪明药"

外观特点：瓶装或铝塑包装的药片或胶囊。

滥用危害：大量摄入会导致焦虑、精神狂躁。

9. 减肥药

外观特点：瓶装或铝塑包装的药片或胶囊，外包装多为泰文说明。

滥用危害：大量服用会导致焦虑、精神紧张，可能诱发高血压、心力衰竭等不良反应。

10. 电子烟油

外观特点：无色或黄色黏稠液体，小瓶包装或直接注入电子烟内。

滥用危害：致幻，导致判断力下降、精神障碍、出现自残或暴力行为。

11. "小树枝"

外观特点：长约4.5厘米，直径约2毫米，颜色呈黑褐色，外观似树枝。

滥用危害：吸食后引起意识模糊、精神障碍，过量吸食导致昏迷甚至死亡。

12. "神仙水"

外观特点：包装类似口服液，常标注各种奢侈品商标。

滥用危害：混入酒或饮料饮用，致幻、催眠，大量使用易急性中毒。

13. "笑气"

外观特点：密封的金属材质气弹，外包装多标注为奶油发泡剂。

滥用危害：大量吸入"笑气"后会产生幻觉、谵妄、神志错乱、视听功能障碍和肌肉收缩能力降低等症状。

（二）毒品认识四大误区

（1）偶尔吸毒不会上瘾，或者别人吸毒会上瘾，但自己不会。实际上，依赖性是所有毒品的基本特性，吸食毒品都会成瘾。

（2）吸食摇头丸、K 粉不上瘾。摇头丸、K 粉的依赖性主要体现在心理依赖。吸毒者在心理上所产生的效果和感受甚至比海洛因还要强烈，会产生顽固的"心瘾"。

（3）吸毒上瘾，戒毒就好。目前，采取戒毒措施后复吸的占大多数，因为吸毒造成的心理依赖像在人脑部扎根一样，一旦毒瘾发作，痛苦和强烈的渴求会让吸毒者难以控制自己的行为，不顾一切寻找毒品吸食。

（4）我不吸毒，不需要了解毒品防范知识。不了解、不知道容易误入毒品魔爪，没有这样的防范意识，就会暴露在毒品的威胁之下，存在被毒品侵害的可能。

（三）涉毒的法律后果

案例：16 岁中学生贩毒

芳芳就读于某小城第一中学，她长相甜美、笑容灿烂、成绩优秀。故事发生在芳芳 16 岁生日当天，芳芳最好的朋友英唐约她去一家小饭馆吃晚餐。席间，一个 19 岁清瘦干净的高个男服务生彭某出现了，就这样她早恋了。芳芳并不知道他是瘾君子。根据彭某的供述，那几天他觉得手头紧张，遂通过网络购买了约 36.5 克冰毒，自己吸食一部分后，在网上一个隐秘的 QQ 群里发布了"出肉"的信息，很快联系到买家，约定在某长途汽车站交易。彭某央求芳芳帮忙藏匿毒品，芳芳拒绝并再一次提醒彭某不要贩卖毒品。然而，在爱情面前，她妥协了。芳芳把一部分冰毒藏进卫生巾，另一部分塞进胸前的内衣，然后按照彭某的指示从内衣里掏出 20.03 克冰毒。

就在这个时候，缉毒警察敲车窗。芳芳的整个青春将可能在高墙内度过。按照法律，她的行为已经构成贩卖、运输毒品罪。芳芳非常配合，把整个事情的过程都详细讲了出来，且她没有吸毒。据此，公诉意见如下：法院以犯贩卖、运输毒品罪判处芳芳有期徒刑 3 年，缓刑 4 年。彭某被另案处理，并获重刑。

青少年一旦涉毒，可能承担以下法律后果：

（1）走私、贩卖、运输毒品罪。

（2）非法持有毒品罪。

（3）包庇毒品犯罪分子罪，窝藏、转移、隐瞒毒品、毒赃罪。

（4）非法生产、买卖、运输制毒物品、走私制毒物品罪。

（5）非法种植毒品原植物罪。

（6）非法买卖、运输、携带、持有毒品原植物种子、幼苗罪。

（7）引诱、教唆、欺骗他人吸毒罪，强迫他人吸毒罪。

（8）容留他人吸毒罪。

（9）非法提供麻醉药品、精神药品罪。

（四）远离毒品口诀

毒品毒，莫吸食，一成瘾，瘾成魔。

青少年，需自爱，莫吸毒，不糊涂。

沾上毒，事不明，害社会，毁家庭。

毒缠身，好痛苦，身边人，也受苦。

三、想一想

1. 学校正举行禁毒教育主题活动，你的同桌明明一直在和周围同学聊天，不积极参与此项活动。她说她不吸毒，自然也没必要了解这些毒品知识。你觉得明明的做法对吗？说明理由。

2. 你的朋友亮亮很早就辍学了，这周末他邀请你出去玩耍，并且拿了一些很新奇的物品。他说，这是"神仙水"和 K 粉，朋友聚会时，都喜欢吃这些，不会有问题的。此时，身为亮亮好朋友的你应该怎么做？

第十一章　实验室安全

　　实验室是培养学生动手能力和创新能力的重要场所。实验室设施设备不合格、危险品存放不当、操作不规范等因素易引发实验室事故。实验室安全运行直接关系到师生的生命安全。

一、风险与预防

（一）火灾性事故风险与预防

1. 火灾性事故风险

　　实验室是易发生火灾事故的场所。以下几种情形易导致实验室火灾事故的发生。

　　（1）忘记关电源，致使设备或用电器具通电时间过长，温度过高，引发着火。

　　（2）供电线路老化、超负荷运行，导致线路发热，引起着火。

　　（3）对易燃易爆物品操作不慎或保管不当，使火源接触易燃物质，引起着火。

　　（4）乱扔烟头，接触易燃物质，引起着火。

2. 火灾性事故预防

（1）实验过程中如出现气味、打火、冒烟、发热响声、振动等异常现象时，应立即切断电源，关闭仪器，及时向教师或管理人员汇报，严禁自作主张处理。

（2）实验中严禁在开口容器或密闭系统中用明火加热有机溶剂，不使用烘箱干燥易燃有机物。

（二）爆炸性事故风险与预防

1. 爆炸性事故风险

爆炸性事故多发生在有易燃易爆物品和压力容器的实验室，原因如下。

（1）违反操作规程使用设备、压力容器（如高压气瓶）而导致爆炸。

（2）设备老化，存在故障或缺陷，造成易燃易爆物品泄漏，遇火花而引起爆炸。

（3）对易燃易爆物品处理不当致燃烧爆炸。

（4）强氧化剂与性质有抵触的物质混存会发生分解，引起燃烧和爆炸。

（5）因火灾事故发生引起仪器设备、药品等爆炸。

2. 爆炸性事故预防

实验中要遵守《实验室安全规则》及有关操作规程，增强安全意识。学生应严格按照实验要求和步骤进行操作，未经许可不得将几种药品或试剂随意研磨、混合，以免发生爆炸等意外事故。

（三）毒害性事故风险与预防

1. 毒害性事故风险

毒害性事故多发生在具有化学药品和剧毒物质的实验室和具有毒气排放的实验室，原因如下。

（1）将食物带进有毒物的实验室，导致误食中毒。

（2）设备设施老化，存在故障或缺陷，造成有毒物质泄漏或有毒气体排放不出，酿成中毒。

（3）管理不善，操作不慎或违规操作，实验后有毒物质处理不当，造成有毒物品散落流失，引起人员中毒。

2. 毒害性事故预防

实验中要遵守《实验室安全规则》及有关操作规程，在嗅闻气体时，应保持一定的距离，慢慢地用手把挥发出来的气体少量地扇向自己，不俯向容器直接去嗅。接触过有毒药品的手或其他部位，应及时清洗干净。

（四）机电伤人性事故风险与预防

1. 机电伤人性事故风险

机电伤人性事故多发生在有高速旋转或冲击运动的实验室、带电作业的实验室和有高温产生的实验室，造成这类事故的原因如下。

（1）操作不当或缺少防护，造成挤压、甩脱和碰撞伤人。

（2）违反操作规程或因设备设施老化而存在故障和缺陷，造成漏电触电和电弧火花伤人。

（3）机电设备使用不当造成高温气体、液体对人的伤害。

2. 机电伤人性事故预防

（1）不得违规带电作业（拆、接电线）；不得随意变更实验电压；不得用潮湿的手触摸正在工作的电器；实验完毕后要及时关闭电源开关。

（2）在实验中，发现实验室机电设备有破损、发热、烧损、松动、接触不良和短路等现象，要及时停止实验并报告老师。

（五）其他事故风险与预防

1. 其他事故风险

在实验室可能会发生被玻璃割伤，被火焰、蒸气及红热的玻璃、铁器等烫伤，被酸、碱或溴液灼伤，酸液、碱液或其他异物溅入眼，气体窒息等其他事故。

2. 其他事故预防

（1）进行实验前应先阅读使用化学品的安全技术说明书或安全周知卡，了解化学品特性，采取必要的防护措施。

（2）进入实验室应穿适合的实验工作服、长衣长裤、袜子，严禁佩戴隐形眼镜，必要时应佩戴防护眼镜等其他防护工具。

二、应对与处置

（一）火灾性事故应对与处置

1. 及时上报

实验室发现火情，分情况处理。火情小，可利用水扑灭火或将起火的东西拿到室外用水扑灭。火情大，立即报告老师或实验室负责人，拨打校保卫部电话或 119 报警求救，同时采取灭火措施，防止火势蔓延。

2. 逃生自救

（1）实验室发现火情，应保持镇静、明辨方向、不拥挤、迅速撤离，尽量往楼层下面跑。

（2）为防止火场浓烟呛入，可采用湿毛巾、口罩蒙鼻，匍匐撤离。

（3）若身上着火，不可奔跑或拍打，应迅速撕脱衣物或通过用水、就地打滚、覆盖厚重衣物等方式灭火。

（4）掌握不同实验材料对应的灭火方法，正确使用灭火器。

（二）爆炸性事故应对与处置

1. 及时上报

实验室发生爆炸应立即逃出实验室，并报告老师或实验室负责人，如有人受伤拨打 120 求救。

2. 逃生自救

（1）实验室发生爆炸时，在确认安全的情况下及时切断电源和管道阀门。

（2）应听从临时召集人的安排，有组织地通过安全出口和疏散路线迅速撤离爆炸现场。

（三）毒害性事故应对与处置

1. 及时上报

实验室发现毒害性事故，应立即报告老师或实验室负责人，拨打校保卫部电话，如有人中毒请及时拨打 120 求救。

2. 采取急救

（1）第一时间将中毒者转移到安全地带，解开领扣，使其呼吸通畅，让中毒者呼吸到新鲜空气。

（2）误服毒物中毒者，须立即引吐、洗胃及导泻，中毒者清醒可配合时，宜饮大量水催吐，也可用药物催吐。对催吐效果不好或昏迷者，应立即送往医院采用洗胃等方式处理。

（四）机电伤人性事故应对与处置

1. 及时上报

实验室发现机电伤人事故，应立即报告老师或实验室负责人，如有人受伤及时拨打 120 求救。

2. 实施急救

机械设备出现故障，发生挤压、甩脱和碰撞伤人时，首先应立即关闭电源并关掉设备开关，迅速对受伤人员进行检查。急救检查应先看神志、呼吸，接着摸脉搏、听心跳，再查瞳孔。检查局部有无创伤、出血、骨折、畸形等变化。伤势较轻的，有针对性地采取止血、包扎、固定等临时应急措施；伤势较重的，迅速拨打急救电话，向医疗救护单位求援。

（五）其他事故应对与处置

1. 玻璃割伤

一般轻伤应及时挤出污血，并用消过毒的镊子取出玻璃碎片，用蒸馏水洗净伤口，涂上碘酒，再用创可贴或绷带包扎。大伤口应立即用绷带扎紧伤口上部，使伤口停止流血，急送医院就诊。

2. 烫伤

被火焰、蒸气及红热的玻璃、铁器等烫伤时，应立即将伤口处用流动凉水冲洗至少 15 分钟，后浸泡凉水中，迅速降温避免烧伤。对轻微烫伤，可在伤处涂烫伤膏。若皮肤起泡，不要弄破水泡，防止感染；若伤处皮肤呈棕色或黑色，应用干燥而无菌的消毒纱布轻轻盖好，急送医院治疗。

3. 被酸、碱灼伤

（1）皮肤被酸灼伤要立即用大量流动清水冲洗（皮肤被浓硫酸玷污时切忌先用水冲洗，以免硫酸水合时强烈放热而加重伤势，应先用干抹布吸去浓硫酸，然后再用清水冲洗），彻底冲洗后用 2% ~ 5% 的碳酸氢钠溶液或肥皂水进行中和，最后用水冲洗，涂上药品凡士林。

（2）碱液灼伤要立即用大量流动清水冲洗，用 2% 醋酸或 3% 硼酸溶液进一步冲洗，再用水冲洗，最后涂上药品凡士林。

4. 气体窒息

（1）单纯性窒息性气体主要包括氮气、二氧化碳和甲烷等。应迅速将伤者移离中毒现场，到空气新鲜处，保持呼吸道通畅，注意保暖，一旦发现患者出现呼吸、心跳停止，立即给予心肺复苏并送医院进行抢救。

（2）化学性窒息性气体主要包括一氧化碳，硫化氢等。这类气体对人体的组织或血液产生特殊的化学作用，使机体运送和利用氧的功能发生一定的障碍。应及时拨打急救电话，送医治疗。

三、注意与提醒

（一）实验室基本常识

（1）学习实验室各项规章制度和《实验室学生安全守则》，进入实验室前需要了解实验室的各种安全隐患，知道实验室各类事故发生的直接原因。

（2）实验前必须认真聆听教师关于实验注意事项及本次实验操作规程的讲解。

（3）进入实验室应穿适合的实验工作服、长衣长裤、袜子，严禁佩戴隐形眼镜，必要时应佩戴防护眼镜等其他防护工具。

（4）误食一般化学品，可立即吞服牛奶、鸡蛋、淀粉等，引吐或导泻，同时迅速送医院治疗。

（5）误食强酸，立即饮服牛奶、植物油、水等，迅速稀释毒物，再服食 10 多个打溶的蛋做缓和剂，同时迅速送医院治疗。急救时，不要随意催吐、洗胃。

（6）误食强碱，立即饮服 500 毫升食用醋稀释液（1 份醋加 4 份水），或鲜橘子汁将其稀释，再服食橄榄油、蛋清、牛奶等。同时，迅速送医院治疗。

（二）不同实验材料的灭火方法

（1）木材、布料、纸张、橡胶及塑料等固体可燃材料引起的火灾，可用水冷却法。

（2）珍贵图书、档案等应使用二氧化碳、卤代烷、干粉灭火剂灭火。

（3）可燃液体、易燃气体和油脂类等化学药品引发的火灾，使用大剂量泡沫灭火剂、干粉灭火剂灭火。

（4）电气设备火灾，应切断电源后再灭火，因现场情况及其他原因不能断电时，需要使用灭火器灭火。灭火时，应使用沙子或干粉灭火器，不能使用泡沫灭火器或水进行灭火。

（5）易燃活泼金属（如镁、钠、钾及其合金等）引发的火灾，应用特殊的灭火剂，或者干砂及干粉灭火器等来灭火。

（三）实验室安全预防口诀

操作需规范，异常立即断。

意外需冷静，及时去汇报。

完毕要值日，检查水气电。

验后手洗净，门窗关人走。

四、想一想

1. 实验室里有很多玻璃器皿，如果不慎发生玻璃割伤事故，你该怎么办？

2. 某小学一名老师在科学课《热空气和冷空气》演示科学实验"'热气球'上升"的过程中，往蒸发皿加入酒精时，因操作不规范，导致挥发的酒精与空气形成混合气体，遇未完全冷却的蒸发皿产生闪燃，窜出的火苗导致 4 名学生局部 Ⅱ 度烧伤。

　　（1）这则案例对我们的启示有哪些？

　　（2）在做实验时，我们需要注意什么？

第十二章 运 动 伤 害

运动伤害主要是指在校内、外体育活动中发生的伤害事件。体育运动可增强体魄，但也存在一定的风险。掌握必要的应对运动伤害的方法是降低运动伤害风险的关键。

一、风险与预防

（一）运动伤害风险

（1）准备活动不充分会导致肌肉痉挛、拉伤等。

（2）不适宜的运动装备会伤害身体。

（3）技术要领未完全掌握，条件反射尚未形成，易导致受伤。

（4）身体力量、灵敏度、柔韧性较差的学生更容易受伤。

（5）疲劳、过度兴奋或紧张都是造成运动伤害的原因。

（6）不合格、缺乏维护的场地设施及训练器材易造成运动伤害。

（7）有激烈肢体冲撞的、动作危险的项目更易造成运动伤害。

（8）恶劣气候环境如高温、大雨、大雾、大风易造成运动伤害。

（二）运动伤害预防

1. 运动准备

（1）天气：无论在室内还是在室外，温度过高或过低，当处于大雨、大雪、雷电、台风、雾霾等恶劣天气时应停止运动。

（2）时间：饭后1小时内不运动；太饱或太饿不宜做剧烈运动；避免在一天中最晒最热的时段进行运动。

（3）服装：穿戴合适的鞋子和运动服装，根据运动项目和要求选择适当的护具和保护设备，如头盔、护膝等。

（4）器材：在规范场地运动，场地表面不能有洞、坑、沟或其他凹凸物；使用合格器械，遵守运动规则，听从教师指导。

（5）热身：运动前进行适当的热身活动，如慢跑、拉伸，不仅提高身体温度，增加血液循环，还能增加肌肉应激性和关节柔韧性。

2. 科学运动

（1）适度：切忌一开始过度锻炼。根据自身的体能和健康状况，逐渐增加运动强度和时间。

（2）动作：根据教师的指导，学习掌握运动的技术要领和注意事项。

（3）水分：在运动过程中补充水分，遵循"少量多次"的方式，每15~20分钟补充饮用水150~300毫升。切勿一次性补充太多，以免出现胃痛、恶心、呕吐等现象。

3. 运动恢复

（1）运动恢复：剧烈运动后切勿立刻完全停止运动，应至少步行和做慢跑、静态拉伸等整理运动5~10分钟。若疲累到必须躺下，就将双脚举高至头部15~30厘米的水平。

（2）营养和休息：保持良好的饮食习惯，摄入足够的营养物质来支持身体的康复和修复，此外给身体充足的休息时间。

二、应对与处置

（一）及时上报

在运动过程中，若身边同学突然倒地昏迷，意识不清醒，应立刻拨打医疗救助电话120求助，同时寻求学校医务室的帮助并及时上报老师；若意识清醒，但受伤严重，应立刻上报老师，并送往医院进行检查治疗。

（二）现场救助

1. 擦伤

症状表现：表皮剥脱、血痕、渗血或出血斑点，局部会有红肿和疼痛。

错误处理：直接贴创可贴。

正确处理：①冲洗：先用生理盐水冲洗伤口，若伤口里面有砂石等杂物，应用消毒工具清理干净；②消毒：小伤口可用75%的酒精棉球消毒伤口周围皮肤。

注意事项：若伤口较深，需尽快就医。

2. 扭伤、拉伤

症状表现：损伤部位疼痛肿胀。

错误处理：立即按摩、热敷。

正确处理：24小时内用毛巾包裹冰袋或用冰镇矿泉水冰敷受伤部位。超过24小时，进行按摩、热敷或贴上活血药膏。

注意事项：受伤不超过24小时，禁止按摩或热敷，防止局部充血、水肿。

3. 肌肉痉挛

症状表现：肌肉持续不自主地强直收缩，突然僵硬、疼痛难忍。

错误处理：用力拉扯痉挛部位。

正确处理：立即对痉挛部位的肌肉进行牵引，均匀用力使其伸展，离开冷环境，热敷，喝盐开水。

注意事项：准备活动充分，冬季注意保暖，夏天喝盐开水。

4. 运动腹痛

症状表现：腹部胀痛。

错误处理：停止运动立即喝水。

正确处理：弯腰跑、减速、深呼吸或暂停运动，对胀痛腹部进行揉按。

注意事项：运动前不能过饱或过饥，注意运动节奏，充分做好准备活动，运动时循序渐进。

5. 低血糖症

症状表现：饥饿、头晕、面色苍白、出冷汗，重者出现低血糖性休克。

错误处理：继续运动或大量饮食。

正确处理：立即停止运动，找个有靠背的地方坐下休息，上半身尽量微微后倾；同时应注意保暖，少量多次补充果汁、饼干、面包等含糖食物。

注意事项：若症状没有得到明显改善，应立即前往医院就医。

6. 流鼻血

症状表现：鼻孔出血。

错误处理：仰头止血、塞纸巾、平躺止血。

正确处理：低头前倾，按压鼻翼止血；用冷水袋或湿毛巾敷前额和后颈部，可促使血管收缩，减少出血。

注意事项：如果鲜血连续滴下，甚至成为血流，应立即去医院就诊。此外为防止鼻部过敏，尽量少抠鼻。

7. 中暑

症状表现：面色潮红或苍白、口渴多汗、乏力、恶心呕吐、头痛头晕、呼吸急促、心率加快等。

错误处理：扎手指放血、大量饮水和使用退烧药。

正确处理：转移到阴凉通风的位置，使用冷毛巾捂在额头或使用酒精兑水来擦身体，帮助病人降温；服用解暑药。

注意事项：避免过量饮水和进食。

8. 猝死

症状前兆：胸痛、突然发生的呼吸困难或心率加快（超过 140 次/分钟）、剧烈头痛、晕厥、不明原因的疲劳和乏力，或伴有胸闷、水肿抽搐、急性腹痛、窒息等。

正确处理：及时上报老师，立即拨打 120 急救电话。

注意事项：避免连续熬夜、暴饮暴食和剧烈运动，保持情绪稳定。

9. 骨折

症状表现：患处剧烈疼痛或肿胀。

错误处理：继续移动患肢，休息恢复期多吃排骨。

正确处理：立即停止运动，用夹板或木棍对骨折部位进行固定并寻求专业人员帮助。

注意事项：应卧床护理，加强功能锻炼；注意加强营养，多吃些高蛋白、高维生素的食物。

三、注意与提醒

（一）体育运动安全口诀

体育运动到操场，检查场地和器材。

运动服装先换上，手表饰品要摘掉。

运动前要做热身，活动四肢扭扭腰。

运动前后喝点水，剧烈运动要适量。

遵守规则讲文明，危险动作杜绝掉。

运动全部结束后，恢复整理要做好。

（二）扭伤、拉伤急救原则（PRICE）

（1）保护（Protection）。保护受伤部位，以免再受伤。

（2）休息（Rest）。受伤部位禁止活动 24～48 小时。

（3）冷敷（Ice）。受伤部位用冰块或冰袋进行冷敷，每次 15 分钟，每天 6~8 次。若有专用冷冻镇痛喷雾剂，可直接喷于患处。

（4）加压（Compression）。可用布条、毛巾或绷带稍用力加压包扎患处，不要太紧，以免造成神经受压和血液回流障碍。

（5）抬高（Elevation）。将患处抬高，一般高于心脏水平高度，增加患处的血液回流，以减轻肿胀。

（三）扭伤、拉伤急救避免原则（HARM）

（1）热敷（Heat）。避免早期热敷，加重患处血液循环，加重肿胀。

（2）酒精（Alcohol）。避免在早期外用刺激类的药品（如酒精、辣椒碱、红花油等）。

（3）跑动（Run）。损伤早期勿带伤运动。

（4）按摩（Massage）。损伤早期禁止一切形式的按摩，避免加重损伤和局部炎性反应加重。

四、想一想

1. 周末，同学约你去打篮球，为避免在运动时受伤，须提前做好预防。请从运动前、运动中、运动后三方面制定一份预防运动伤害的措施清单。

2. 在大课间体育活动中，同学亮亮因没有穿合适的运动鞋，跑步时不慎扭伤了脚，手掌擦破了皮且伤口渗出了血。你会采取什么措施来帮助他？

第十三章　学　生　欺　凌

学生欺凌是指发生在学生之间，一方蓄意或者恶意通过肢体、语言及网络等手段实施欺压、侮辱，造成另一方受到人身伤害、财产损失或精神损害的行为。任何一起欺凌事件背后都关系到青少年的身心健康，及早预防，学会应对，守护健康成长。

一、危害与预防

（一）学生欺凌的危害

1. 对被欺凌者的危害

欺凌行为易使被欺凌者遭受严重的精神创伤以及生理上和行为上的不良反应。多数被欺凌者会出现紧张、焦虑、难过、害怕等不良情绪反应，出现头痛、肚子痛、尿床、抽搐、失眠、做噩梦、口吃等不良生理反应，出现少言寡语、逃学、自伤、自残等不良行为反应，严重者可能出现自杀行为。

2. 对欺凌者的危害

欺凌行为易助长欺凌者的攻击性倾向，阻碍其与同学的正常交往。长此以往，会产生孤独、焦虑等消极情绪，增大反社会行为发生的可能性。

3. **对旁观者的危害**

欺凌行为易对旁观者的个人情绪和价值判断产生不良影响。被迫参与欺凌或是因害怕被报复而不敢出手相助的青少年，可能产生愧疚感或无能感；观察到欺凌行为的旁观者，今后也可能采用欺凌或其他暴力方式来解决问题。

（二）预防学生欺凌

1. **不做怯懦的被欺凌者**

（1）明确自己为人处世的原则，让他人知道自己的原则和底线，适时地表达愤怒。

（2）提升自我防护意识和防护能力，日常加强身体素质训练，提升危急时刻的自保能力。

（3）前往卫生间、楼道拐角或偏僻处等欺凌事件多发地时，尽量结伴而行。

（4）不携带较多财物，不公开显露自己财物。

（5）在网络上谨慎发表言论，不暴露个人隐私。

（6）不为作恶者隐瞒，勇敢向老师、家长或是警方寻求帮助。

2. **不做施暴的欺凌者**

施暴行为可能会带来一时心理上的满足。但故意殴打他人、暴力侮辱他人、暴力索取他人财物、故意非法伤害他人的行为可能会构成我国刑法中的寻衅滋事罪、强制侮辱罪、抢劫罪、故意伤害罪等，除了需要承担相应的法律责任外，还应承担相应的经济赔偿。不做以下行为。

（1）殴打、脚踢、掌掴、抓咬、推撞、拉扯等侵犯他人身体或者恐吓威胁他人的行为。

（2）以辱骂、讥讽、嘲弄、挖苦、起侮辱性外号等方式侵犯他人人格尊严的行为。

（3）抢夺、强拿硬要或故意毁坏他人财物。

（4）恶意排斥、孤立他人，影响他人参加学校活动或是社会交往。

（5）通过网络或其他信息传播方式捏造事实诽谤他人、散布谣言或者错误信息诋毁他人、恶意传播他人隐私。

3. 不做冷漠的旁观者

发现欺凌行为时，不要冷漠、不要胆怯，及时制止、适时报告。

（1）拒绝煽风点火，拒绝成为欺凌者的"帮凶"，不信谣，不传谣。

（2）拒绝做事不关己的旁观者，适当关心被欺凌者。

（3）在能力范围内对被欺凌者施以援手。

（4）及时向老师、家长报告，必要时可以报警。

二、应对与处置

（一）事中

1. 保持镇定

冷静观察，适度周旋，尽可能拖延时间，争取机会逃脱，寻找时机向周围人求助或报警。根据实际情况，可采取以下方式应对。

（1）沉默以对。如正面跟欺凌者碰上，假装完全忽视或听不到对方的辱骂、言语攻击，让欺凌者得不到其所期待的结果。

（2）断然以对。抬头挺胸，表现出自信的样子，看着对方的眼睛，清楚而坚定地告诉他人：你的欺凌行为是错误的，停止吧；你的羞辱不会给我带来困扰，我不在乎你们的看法；我有清晰的自我认知，不需要你们的评判。

2. 引起他人注意

采用异常动作或大声说话等方式引起旁人注意。

3. 向公安机关报案

若遇到极端网络欺凌，如人身威胁、敲诈等，应在成年人的协助下，保留相关证据，向公安机关报案，寻求进一步的干预。

（二）事后

1. 及时报告与报警

在逃脱后或确保自己安全的情况下，告知自己信任的朋友及成年人，如父母和老师，共同商量对策。如有必要，及时报警，将事故发生的时间、地点、具体情况和参与人员等告知警察。

2. 寻求外界帮助

拨打"12348"法律援助热线进行咨询和反映，寻求法律途径帮助；寻找心理医生或者心理咨询师，进行专业的心理辅导，缓解并促进心理创伤的愈合。

三、注意与提醒

（一）务必保证自身安全

（1）以自身安全为先，冷静判断危险性。

（2）尽可能拖延。

（3）不要激怒对方。

（4）不要向一群欺凌者挑战。

（5）发现欺凌者有凶器，尽可能与其保持距离，用言语周旋。

（6）尽量不与欺凌者打斗，除非别无选择，必须进行正当防卫。

（二）不做旁观者

旁观者的行为是否适当直接影响着欺凌事件的走向。例如，"置身事外者"和"煽风点火者"没有真正实施欺凌行为，但其消极的行为都可能激发欺凌者的表现欲，助长欺凌者的嚣张气焰，造成更为恶劣的影响。

反之，如果旁观者能在保证自身安全的情况下挺身而出，就有可能制止欺凌的继续发生，或者在一定程度上缩短欺凌时间，削弱欺凌行为，阻止欺凌事件的恶化。

□□■【普法小课堂】

《中华人民共和国刑法》附则第十七条规定了"刑事责任年龄"："已满十六周岁的人犯罪，应当负刑事责任。

已满十四周岁不满十六周岁的人，犯故意杀人、故意伤害致人重伤或者死亡、强奸、抢劫、贩卖毒品、放火、爆炸、投放危险物质罪的，应当负刑事责任。

已满十二周岁不满十四周岁的人，犯故意杀人、故意伤害罪，致人死亡或者以特别残忍手段致人重伤造成严重残疾，情节恶劣，经最高人民检察院核准追诉的，应当负刑事责任。

对依照前三款规定追究刑事责任的不满十八周岁的人，应当从轻或者减轻处罚。

因不满十六周岁不予刑事处罚的，责令其父母或者其他监护人加以管教；在必要的时候，依法进行专门矫治教育。"

四、想一想

1. 某职业学院内，女学生朱某同另外四名女性被告人在学校女生宿舍楼内，采取恶劣手段，无故殴打、辱骂两名女学生，其间五名女性被告人还脱光了其中一名被欺凌女学生的衣服予以羞辱，用手机拍摄了羞辱、殴打视频，事后在微信群进行小范围传播。其中一名被欺凌女学生，当天先后被殴打了三次。经鉴定两名被欺凌女学生均构成轻微伤，其中一名被欺凌女学生精神抑郁。最终，法院依法判决被告人朱某犯寻衅滋事罪，判处有期徒刑一年。被告人赵某、李某、霍某、高某犯寻衅滋事罪，分别判处有期徒刑十一个月。

（1）该案例给我们什么启示？

（2）如果你遭到欺凌，该如何应对？

2. 高中女生明明因体重和长相等问题，长期遭受同学小刘讥讽和耻笑。小刘在校学习期间不但给明明起了诸如"猪姐""肥婆""丑八怪"等外号，还对其进行长期的谩骂诋毁。明明曾多次表示希望小刘不要再叫自己外号，但是小刘毫不在意，还将其外号编成歌曲传唱。明明受到了严重的心理伤害，最终忍无可忍，在放学路上持刀刺入小刘腹部，导致小刘死亡，酿成悲剧。

（1）造成以上悲剧的原因是什么？

（2）如果你是明明，该如何应对？

第十四章　性　侵　害

　　性侵害是指施暴者以威胁、权力、暴力、金钱或甜言蜜语，引诱胁迫他人与其发生性关系，或在性方面对受害人造成伤害的行为。近年来，针对未成年人的性侵害案件时有发生，严重损害青少年的身心健康。防范性侵害不容忽视，自我保护刻不容缓。

一、风险与预防

（一）增强自我防范意识

1. 不轻信他人

做到"两不"：好处不收、要求不应。

2. 隐私部位不能碰

未经本人允许，背心、内裤遮盖的部位不让他人触碰。

3. 结伴而行不落单

尽量和朋友、同学结伴而行，不独自走夜路或者进入偏僻场所。

4. 小恩小惠不能要

不贪图便宜接受他人的食物、饮料或者财物等。

5. 不出入营业性娱乐场所

不进入歌舞厅、酒吧和网吧等不适宜未成年人活动的场所。

6. 酒精不要碰

酒精会降低自我控制力、阻碍正常交流、扰乱决策能力，增加受侵害的可能性。

7. 密闭空间不要去

不单独和异性待在家中、宿舍或车内等相对封闭的空间。

8. 不和异性单独相处

避免独自前往他人家中或带他人回家。

9. 独自在家做好防护

关好门窗，独自在家时不给陌生人开门。

（二）辨别性骚扰、性侵害行为

1. 性骚扰行为

（1）以不受欢迎的语言挑逗他人，讲黄色笑话等。

（2）故意触摸、碰撞、亲吻他人敏感部位，不适宜地展示身体隐私部位或在他人周围对自己做出涉性的接触或抚摸。

（3）以信息方式给对方发送或直接展示色情、挑逗文字、图片、语音、视频等，如微信、短信、邮件等。

（4）以跟踪、骚扰信息、寄送物品等方式持续对他人表达、传递含性暗示的内容。

2. 性侵害行为

（1）引诱或强迫他人观看淫秽图片、影像。

（2）在互联网上引诱或强迫他人说带有性意味的语言，拍摄隐私部位图片，脱掉衣服视频聊天。

（3）对他人做出具有性暗示的动作。

（4）引诱或强迫他人脱衣服。

（5）向他人暴露隐私部位、生殖器官。

（6）偷窥、故意看、触摸或攻击他人的隐私部位。

（7）故意让他人看或触摸性侵害施暴者的隐私部位。

二、应对与处置

（一）表明立场，尽力反抗

如他人的肢体触碰、语言等让你感觉不舒服，要在确保自己安全的情况下进行反抗。

（1）周围人多时。大声说出"不要碰我"，推开对方并寻求周围人帮助，迅速逃离。

（2）当处在相对封闭的空间或周围无人的僻静之处时，先大声拒绝和适当反抗，如果对方转向暴力侵犯，不要激怒施暴者，可选择合理的方式逃脱。如实在无法逃离，记住施暴者长相，保留物证。

（二）及时报告与报警

（1）及时告知信赖的人。及时告知家长、亲人或老师，不忍气吞声，不替施暴者隐瞒。

（2）及时拨打110报警。说清楚自己的处境和位置，配合警方调查。

（三）务必保留证据

如不幸遭遇性侵害，一定要保留证据，以指证罪犯。

（1）不要擦洗身体，保留衣物、毛巾、床单、卫生纸、避孕套等物品。

（2）在家长或老师的陪同下，到医院做取样及检查。

（3）保留录音、聊天记录、通话记录和监控等信息，及时递交至公安机关。

（四）积极寻求帮助

如果不幸遭遇性侵害，一定不要自责！

（1）向你信任的人求助。可以向家长、亲人、朋友和老师，或是对你存有善意的陌生人求助（加强判断）。

（2）寻求专业心理帮助。可以寻求校内学生心理咨询中心、校外专业心理咨询机构的帮助，还可以拨打青少年维权及心理咨询热线"12355"。

三、注意与提醒

(一)性侵害的四大误区

1. 侵害孩子的大多是陌生人？

侵害者多为熟人。熟人作案比例位居首位，2021年公开曝光的侵害案例中①，熟人作案160起，占比80.80%；陌生人作案38起，占比19.20%。其中，教师、教职工（含培训老师）作案44起，占比27.50%；亲人亲属（父亲、继父、兄长、叔伯等）作案28起，占比17.50%；网友作案20起，占比12.50%；邻居朋友（含同村人）作案15起，占比9.38%；其他生活学习接触人员作案33起，占比33.12%。

2. 侵害只针对大一点的孩子？

侵害可能发生在任何年龄段，甚至几个月大的婴儿身上。2021年公开曝光的侵害案例中①，表明受害儿童年龄的有157起，受害人在14岁（不包含14岁）以下的119起，占比75.80%；受害人在14—18岁（不包含18岁）的38起，占比24.20%。最小的受侵害儿童年

---

① 据中国少年儿童文化艺术基金会女童保护基金《"女童保护"2021年性侵儿童案例统计及防性侵调查报告》。

龄仅为 2 岁。按照一般学龄段来看，受害人年龄为中小学学龄段的案例为 127 起，占比 80.90%，其中 7—12 岁小学学龄段的 55 起，占比 35.03%；13—15 岁初中学龄段的 72 起，占比 45.86%。

3. 侵害者都会使用暴力？

暴力只是不法分子侵害的一种手段，侵害者还会利用贿赂、诱骗、假借关爱的名义等手段实施侵害行为。

4. 侵害只发生在女性身上？

男女都有可能会遭到性侵害。2021 年公开报道的性侵儿童案件中，女童有 462 人，占比 81.20%；男童有 107 人，占比 18.80%。与过往几年相对比，男童遭遇侵害的比例明显呈上升趋势。

（二）应对性侵害口诀

遇到侵犯大喊"不"，立即跑往人多处。

坏人有错你没错，不要隐瞒不告诉。

求助家长和警察，惩治犯罪是义务。

身体衣裤不要洗，留作证据莫耽误。

四、想一想

1. 朱某通过网络社交软件诱骗、胁迫杨某等八名未成年人拍摄裸体、敏感部位照片和不雅视频，发送给其观看；以散布裸照、不雅视频相威胁，强迫杨某线下见面，发生性关系。另据查明，朱某还以不雅视频相威胁，强行与成年女性秦某发生性关系。法院以强奸罪、猥亵儿童罪、强制猥亵罪判处朱某有期徒刑十五年六个月，剥夺政治权利一年。

假如你是杨某，该如何避免此类事件的发生？

2. 张某多次在学校教室对被害人李某等八名女学生采取搂抱，亲吻，抚摸嘴唇、胸部、臀部及阴部等方式进行猥亵。某区人民法院依照《中华人民共和国刑法》第二百三十七条规定，以猥亵儿童罪判处被告人张某有期徒刑十一年六个月。

假如你是李某，该如何应对？

第十五章 财 产 安 全

盗窃、抢夺与抢劫会威胁到人身财产安全,导致个人钱财与贵重物品丢失,情况严重时会危及生命。提高警惕意识,做好防盗、防抢等安全预防措施,守护好自己的"钱袋子"。

一、风险与预防

盗窃、抢夺与抢劫多发于放学、周末、岁末年初及节假日时间段,室内、公共场所和交通工具等地是案件高发处,手机、钱包和贵重物品等是作案者的首要目标。

(一) 预防校园盗窃

(1) 最后离开教室或宿舍的同学,要关好窗户锁好门。

(2) 不留宿外来人员。

(3) 注意保管好钥匙。存放好教室、宿舍、箱包和抽屉等钥匙,不随便借给他人或乱丢乱放。

(4) 妥善保管好个人物品。手提电脑、手机、贵重饰品、银行卡等贵重物品,长时间不用时应带回家中，暂不需要使用时可以锁在抽屉或柜子里。

（5）返校时不携带过多钱财。

（6）离校时看管好自己的财物，谨防扒窃。

（二）预防外出盗窃

（1）尽量将自行车、电动车等停放在有监控或者周围环境开阔的地点；停车时要将车把上锁，最好在车前轮处单独加一道链锁；尽量给车辆安装简易的防盗报警装置。

（2）在公共场所，如处于酒店用餐、排队、乘车搭车等情景中，小件财物贴身放，大件包裹挂在前。

（3）任何时候挎包背包不离身、取用手机钱包不离手、旁置物品不离视线。在公共场所或乘坐交通工具时不可熟睡，手机、钱包等物品不可随意放置。

（4）出门在外少玩手机、少用现金，不与他人攀谈。在公共场所里，玩手机、聊天、听歌不要太投入；结账付款时，多选择手机、银行卡支付；遇到陌生人搭讪、在自己身边徘徊时，应迅速摆脱远离。

（5）出门携带大量钱款时，不要在较多的人员面前进行显露及"炫富"，防止被扒窃分子盯梢、下手。

（6）秋冬季服装较厚，身体对外界接触不敏感，手机等贵重物品不放置在衣服外层口袋内、上衣下部或裤子后部的口袋。

（三）预防抢夺与抢劫

（1）不外漏或向人炫耀随身携带的贵重物品。

（2）不独自到行人稀少、阴暗、偏僻的地方，避开无人之地。

（3）尽量避免夜深滞留在外，不归或晚归。

（4）钱包、手机、银行卡等贵重物品最好贴身携带，尽量不要放入挎包或手提包中。走路时尽量将挎包或手提包置于身体右侧，即靠近路边的一侧。

（5）骑车外出时不要将包直接放在车筐内，可先将背包带挂在车把上，然后将包放在车筐内。

（6）发现有人尾随或窥视，不要显露出过于胆怯害怕的神情，可多次回头并目不转睛地盯对方几眼，改变原定路线，向着有人、有灯的地方走。

二、应对与处置

（一）被盗"三步走"

1. 及时报案

外出被盗或室内被盗要马上报告公安机关，口述被盗过程，将被盗物品的价值、被盗的时间、地点等细节与警方沟通确认并记录在案。

2. 保护现场

如发现宿舍或家中被盗，门窗被打开或窗上玻璃被打碎、纱窗被割破、室内物品被翻时，要保持头脑清醒，不急于到室内查找自己的物品，不收拾、清理家中的物品，不在室内随意走动，并注意不接触门把手和锁具，以免破坏有价值的指纹、脚印。对盗窃者遗留下来的痕迹、物品，用绳索圈围警戒，重点保护，禁止一切无关人员入内。

3. 配合调查

配合公安机关查破案件，如发现存折或汇款单丢失，应立即到银行、邮局办理挂失。在学校丢失贵重物品、自行车等，应及时到学校保卫部门报告，讲明丢失或被盗情况及失窃物品的特征。

（二）应对抢夺与抢劫

1. 舍弃财物

遇到抢劫时，应尽可能平息对方的冲动情绪，将财物给予对方，保证对方不伤害自己。

2. 学会自救

（1）沉着冷静不恐慌。保持镇定，克服畏惧、恐慌情绪，有正义必然战胜邪恶的信念。

（2）力量悬殊不蛮干。犯罪分子实施抢劫作案，一般都做了相应准备，或是人多势众，或是以凶器相逼，不鲁莽行事，自身安全最重要。

（3）快速撤离不犹豫。看准时机向有灯光或人员集中的地方快速奔跑，犯罪分子一般不会穷追不舍。

（4）巧妙周旋不畏缩。若已处于犯罪分子的控制中且无法反抗时，可先交出财物，与其周旋，在犯罪分子心理开始动摇、放松警惕时，借机反抗或逃脱。

（5）留下印记不放过。观察犯罪分子，尽量准确地记录其特征，如身高、年龄、发型、体态，衣着、面容，特殊疤痕、语言及行为特点等。

3. 及时报案

及时报案，准确描述犯罪分子特征，有利于有关部门及时组织力量布控，抓获犯罪分子。

三、注意与提醒

（一）防抢夺与抢劫口诀

防范两抢要注意，财产一定要保密。

银行提款防盯梢，路上行走防偏僻。

夜晚单身结伴行，睡觉门窗要关闭。

遭遇抢劫不要慌，保护生命是第一。

寻找机会快逃脱，边跑边喊寻生机。

记住罪犯"貌""言""行"，及时报警有勇气。

（二）防盗口诀

人多不点钱，首饰放里面。

挤时护手机，背包放胸前。

商场忙购物，警惕有贼眼。

乘车莫大意，扒手在身边。

□□■【普法小课堂】

《中华人民共和国刑法》第二百六十四条规定：盗窃公私财物，数额较大或者多次盗窃的，处三年以下有期徒刑、拘役或者管制，并处或者单处罚金；数额巨大或者有其他严重情节的，处三年以上十年以下有期徒刑，并处罚金；数额特别巨大或者有其他特别严重情节的，处十年以上有期徒刑，并处罚金或者没收财产。

四、想一想

1. 高中学生方某的老同学远道而来，两人相见亲切无比，当天就留宿在方某宿舍。白天这位"老同学"在宿舍内看书，几天下来与方某及其室友相处十分投机。结果三天后，楼上宿舍连续被盗，折合损失近万元。

想一想，方某犯了什么错？如果是你，该如何做？

2. 李某16岁，初中毕业没有考上高中，进了某职业学校。某天晚上，他面对一个手里拿着10块钱和一包烟的7岁小男孩说："小弟弟，这包烟先借给哥哥抽好吗？""我不认识你，不借，我爸爸还等着抽呢。"小男孩一边说，一边本能地将烟和钱藏在背后。"不借，不借我就给你放血。"他一边说，一边从口袋里掏出一把小刀在他面前比画。"你敢，你再不让我走，我就喊了。"小男孩一点也不示弱。李某心想：这么点的小毛孩倒反过来威胁他了。他觉得又好气又好笑，于是收起小刀，对小男孩的脸上就是一拳，之后拿了烟和钱走了。

　　面对这种情况，你会怎么做？

第十六章　地　震　灾　害

地震是一种常见的自然现象，会造成房屋倒塌、山崩和地裂等灾害，对人类生命和财产造成损失。增强防震减灾意识、掌握防震减灾知识和避震自救技能非常必要。

一、危害与预防

（一）地震危害

（1）破坏建筑物，造成房屋倒塌、桥梁断落、水坝开裂、铁轨变形等。

（2）破坏地面，造成地面裂缝、塌陷，喷水冒砂等。

（3）引发次生灾害，如滑坡、火灾、毒气泄漏、瘟疫等。

（4）造成人员伤亡，包括被建筑构件砸伤、砸死，围困或掩埋在土石、瓦砾中窒息而死等。

（二）预防地震

1. 参加防震演练

（1）在防震演练前，掌握应急逃生的方法、熟悉应急疏散的集中地点和途经路线。

（2）在防震演练中，听到地震预警信号后，迅速采取室内紧急避震、震后迅速撤离等措施。

①室内紧急避震：在听到第一次警报响后，迅速打开教室门，听从老师安排，在墙角、课桌角下抱头或头顶书包进行躲避。

②震后迅速撤离：在听到第二次警报响后，听从老师安排，按照下楼梯指令的顺序，迅速集合成单路纵队向安全地点疏散。

2. 平时防震准备

（1）主动熟悉校内、外环境，熟悉应急避难场所的位置及紧急疏散路线。

（2）在值日时，教室内的桌椅摆放应与窗户、外墙保持一定距离，并留出安全通道。

（3）发现教室悬挂物异常，及时向班主任和相关人员报告。

（4）学会识别电视、手机和广播等发出的地震预警信号。根据预警时间，结合自身所处位置，采取合理的避险措施，进行有效快速疏散。

二、应对与处置

（一）地震发生时的逃生方法

在地震发生时，最有效的方法是：保持镇静，就地避震。在室内应选择易于形成稳固三角空间的地方；在室外应选择开阔、安全的地方。震后听从指挥，迅速撤离到安全位置。

避震姿势牢记"伏地、遮挡、手抓牢"。"伏地"指降低身体的重心，避免在地震的晃动过程中摔倒受伤；"遮挡"指身体或头部要有能起到保护作用的遮蔽物；"手抓牢"指在课桌下要抓住桌腿，避免地震晃动后课桌发生位移。

1. 校园内

（1）若教室是楼房，应在老师的指挥下迅速抱头，就近躲在各自的课桌下，注意避开吊灯、电扇等悬挂物。待主震过后，应听从老师安排，迅速从安全出口有序撤离，撤离时切勿拥挤，避免发生群体踩踏事故。

（2）若教室是平房或位于楼房一层，震级较小，应在老师的指挥下有组织地迅速撤离教室，统一在操场空旷地带集合。

2. 居家

（1）对于家住平房的人员，应及时冲出房屋，跑到空旷地带。如果来不及，可在较为坚固的家具下暂时躲避。

（2）对于家住楼房的人员，切记不要跳楼，应立即切断电闸，关掉煤气，就近躲到坚固的家具下，如写字台、结实的床、农村土炕的炕沿下，也可躲到墙角或开间小、有支撑物的卫生间和厨房等地点。

（3）当人员在睡梦中被摇晃醒后，应双手迅速抓住枕头两侧，捂住双耳。从床的一侧迅速滚下床，保持面部向下，双肘形成一个三角空间，使整个身体的高度低于床垫高度。

（4）待主震过后，应快速转移到户外空旷地带。

3. 室外

（1）就近选择开阔地避震，抱头蹲下或趴下，双手保护头部。

（2）远离高大建筑、变压器和存有危险品的场所。不轻易跑回未倒塌的建筑物内。

4. 公共场所

听从现场工作人员指挥，不要慌乱，不要涌向出口，避免拥挤与踩踏。

（1）在影剧院、体育场和饭店等场所时，要迅速抱头卧在座位下面，若靠近出口，可迅速跑到门外，切勿使用电梯。

（2）在乘坐公共交通工具时，紧抓扶手、降低重心，躲在座位附近，并用衣物护住头部。地震过后，应听从司乘人员指挥，有序下车，到空旷地带躲避。

（二）地震后的自救方法

如果被围困或掩埋，牢记以下三点。

1. 扩大空间

若周围有一定空隙，应扩大和稳定生存空间，设法用砖石、木棍等支撑残垣断壁，搬动物品时应防止周围杂物进一步倒塌。

2. 防止窒息

保持呼吸畅通，挪开头部、胸部的杂物，用毛巾、衣物捂住口鼻，防止窒息。

3. 等待救援

（1）如果手边有通信工具，应注意保存电量，待震后信号恢复时可及时寻求救援。

（2）寻找水和食品，创造生存条件。在必要时，尿液也能起到解渴作用。

（3）如果局部受伤，对于少量流血的伤口一般不需要处理。如果伤口出血较多，应尽快止血包扎。

（4）尽量保存体力，保持清醒，不盲目呼救。可用砖、铁管等物品敲击管道或墙壁，如长时间无人应答，可先作休息。在确定自身附近有人员搜救时，再大声呼救。

三、注意与提醒

（一）地震"三保"

1. 保持冷静

遇到地震最忌慌乱，一定要保持冷静，先避震，待地震过后再有序撤离。

2. 保护头部

在地震时，人们最易受伤的部位是头部，保护头部是自我保护的关键。

3. 保存体力

如果震后不幸被废墟埋压，应尽量保持冷静，设法自救。在无法脱险时，应保存体力，尽力寻找水和食物，创造生存条件，耐心等待救援。

（二）地震应急包

日常备好地震应急包，以便在紧急情况下使用。地震应急包的内置物品主要包括：

（1）供三天至五天使用的饮用水和易于存放、方便食用的食品。

（2）超薄保温雨衣、发热袋、荧光安全帽、手摇发光灯、便携式收音机、口哨、锤子等生存工具。

（3）简便防寒的衣物、内衣裤、毛巾、卫生纸、手套等生活用品。

（4）用于治疗感冒、外伤包扎、腹泻等急救医药品。

（三）地震口诀

1. 预防地震口诀

悬挂物，应少置，高大家具需固定。

手电筒，防震包，居家随时要备好。

空走廊，清墙角，杂物一定整理好。

常用药，日用品，身份证件不可少。

2. 地震逃生口诀

地震来，莫慌逃，避震空间要选好。

储藏室，卫生间，坚固家具内墙角。

撤离时，遵秩序，有序撤离听指挥。

不跳楼，不乱跑，撤出速去开阔地。

□□■【普法小课堂】

《中华人民共和国防震减灾法》第二十九条规定："国家对地震预报意见实行统一发布制度。除发表本人或者本单位对长期、中期地震活动趋势的研究成果及进行相关学术交流外，任何单位和个人不得向社会散布地震预测意见。任何单位和个人不得向社会散布地震预报意见及其评审结果。"

四、想一想

1. 地震发生时，面对以下情况你会如何应对？

（1）你正在教室上课，突然响起了地震预警。

（2）你正在家中睡觉，突然感觉床在剧烈晃动。

2. 地震发生时，亮亮不幸被坍塌的建筑物困住，假如你是亮亮，该如何自救？（ ）（多选题）

A. 尽量挣扎，大声呼喊。

B. 悲伤哭泣，放弃求生。

C. 保持体力，扩大空间。

D. 保持呼吸畅通，利用周围物品向外界求救。

第十七章　滑坡与泥石流

滑坡指斜坡上的岩土体由于自然原因，在重力作用下沿一定的软弱面整体向下滑动，造成生命财产损失的自然灾害。泥石流指山区沟谷中或者坡面上，由于暴雨、冰雹、融水等水源激发的、含有大量泥沙石块的混合流，造成生命、财产损失的自然灾害。滑坡、泥石流是山区常见的地质灾害，可能会摧毁校园、房屋与交通道路，威胁生命和财产安全。

一、危害与预防

(一) 滑坡与泥石流的危害

(1) 易淹没人畜，毁坏校舍房屋。

(2) 易埋没铁路、公路，摧毁路基、桥涵等设施。

(3) 易冲毁水电站、引水渠道及山沟中建筑物。

(4) 易摧毁矿山及其设施，导致停工停产。

(二) 预防滑坡与泥石流

1. 识别滑坡前兆

(1) 偶尔能听到岩石摩擦、碎裂的声音。

(2) 崩塌处的裂缝逐渐扩大，岩体前缘有掉块、坠落现象。

（3）坡顶出现新的破裂形迹，可嗅到异常气味。

（4）出现热、氡气、地下水质、水量等异常。

（5）动物出现异常行为，如四处奔走、嘶鸣；植物出现异常特征，如含羞草在白天闭合，在夜间舒展。

2. 识别泥石流前兆

（1）如果观察到河（沟）床中正常流水突然断流或洪水突然增大，并伴有较多的柴草树木，可确认河（沟）上游已形成泥石流。

（2）如果深谷或沟内传来类似火车的轰鸣声或闷雷声，上游可能或已经发生泥石流。

二、应对与处置

（一）发生前

发现滑坡与泥石流前兆，应立即转移到安全地区，并上报学校。同时，向公安机关（拨打110）、消防部门（拨打119）报告。

（二）发生时

（1）保持沉着冷静，判断安全路径。

（2）迅速朝垂直于滚石掉落的方向跑。

（3）当无法逃离时，可抱住树木等固定物体，也可蹲在地坎、地沟里，利用衣物保护好头部。

（三）发生后

灾害过后，不可立即进入受灾区挖掘和搜寻财物。应做好灾后防疫工作。

（1）饮用水卫生：①尽量不喝生水；②尽量只喝开水或符合卫生标准的瓶装水、桶装水；③对临时的饮用井水、河水、湖水、塘水等，可用明矾和漂白粉等消毒，至少煮沸五分钟；④充分清洗自来水水管，水龙头表面使用含氯消毒剂擦拭消毒。

（2）食品卫生：①生熟食物分开处理，食物要煮熟煮透；②不吃腐败变质或被洪水浸泡过的食物；③不吃淹死、病死的禽畜和水产品；④餐（饮）具清洗后可煮沸十五分钟以上消毒，也可使用含氯消毒剂浸泡三十分钟进行消毒；⑤进食前要洗手。

（3）环境卫生：①使用含氯消毒剂对室内外进行彻底消毒；②打开门窗，通风换气；③在指定地点堆放生活垃圾、倾倒生活污水等；④不随地大小便。

三、注意与提醒

（一）滑坡和泥石流自救口诀

滑坡泥石流有前兆，地面裂缝要报告。
水量水质有变化，动植物异常需警戒。

逃跑方向要明确，垂直滚石掉落方向①。

难以逃离需谨记，原地不动大树抱。

抱头蹲在地沟里，过后不可急寻物。

（二）野外宿营的注意事项

（1）选择平整的高地作为营地。

（2）不在有滚石或有大量堆积物的山坡下扎营。

（3）不在山谷和河沟底部扎营。

四、想一想

1. 2010 年 8 月 7 日，受强暴雨影响，甘肃罗家峪暴发特大泥石流，共造成 1557 人遇难，208 人失踪。

如果你在野外露营，碰上特大泥石流，该如何自救？

2. 2019 年 7 月 23 日，贵州坪地村突发山体滑坡，二十余栋房屋被吞没，来不及躲避的村民被掩埋。

想一想，山体滑坡会有哪些预兆？

---

① 滑坡方向两侧逃。

第十八章 极 端 天 气

近年来，全球范围内台风、冰雹等出现的频率和强度越来越高，寒潮、高温等极端天气也越来越多。雨雪、雷电、冰雹、雾霾和大风是常见的恶劣天气，会破坏学校房屋、设施设备等，威胁青少年的人身安全。面对不可控的天气变化，应做好防范和应对，将危害降到最低。

一、危害与预防

（一）雨雪天危害与预防

1. 雨雪天危害

（1）暴雨积水易引发路灯、电动门等漏电，造成触电事故。

（2）雨水浸泡建筑物墙体，易导致地基松软，造成墙体倒塌；大雪易压塌各类建筑设施。

（3）雨雪天路面湿滑，易使人员滑倒、摔伤；易使车辆失控，引发交通事故。

（4）雨水淹没桥面、路面，井盖易被冲走，易使人员落入窨井。

（5）暴雨易引发洪涝灾害。

2. 雨雪天预防

1）防雨

（1）室内：①及时关闭门窗，防止雨水进入屋内；一旦房屋进水，应立即关闭电源；②当学校或住所被严重水淹时，应迅速向就近的高地、避洪台等地转移，或者爬上屋顶、大树、高墙等较高处暂避；③家中准备应急逃生装备。

（2）室外：①穿好雨衣、雨鞋等防雨衣物，拿好雨伞等防雨工具；②背好 PVC、尼龙材质的防雨书包等；③穿防滑的鞋子；④不靠近山体及危险墙体；⑤不走地下通道或位于高架桥下方的通道；⑥不踩水流急湍或有旋涡的地方；⑦不在低洼处停留，不在河边游泳、玩耍；⑧不攀爬带电的电杆、铁塔等，远离倾斜电杆和电线断头。

2）防雪

（1）上下学走路、骑车减缓速度。

（2）穿鞋底有细小花纹的防滑鞋子。

（3）可带上手杖、助行器等辅助器具。

（4）远离机动车道和非机动车道，走人行道。

（5）远离过往车辆，防止车辆侧滑。

（6）远离电线杆、广告牌、树木等。

（7）不在有积雪和结冰处追逐打闹。

（二）雷电危害与预防

1. 雷电危害

雷电包括直击雷、球形雷、电磁脉冲、云闪四种，不同类型的雷电会对人体、建筑与设备等造成不同程度的伤害。

（1）直击雷会产生极高的对地电压，可瞬间击伤、击毙人员。

（2）球形雷会从门、窗、烟囱等通道侵入室内，易伤害人体。

（3）电磁脉冲会毁坏电气设备的绝缘，易造成严重的触电事故。

（4）云闪通常发生在云层中，基本不会对陆上人员造成伤害。

2. 雷电预防

1）室外

（1）躲避时：①不在高楼平台上停留；②不进入孤立的棚屋、岗亭等；③不在大树下躲避雷雨；④远离外露的水管、煤气管等金属物体或电力设备；⑤不在铁栅栏、金属晒衣绳、架空金属体以及铁路轨道附近停留。

（2）出行与运动时：①不骑车快速移动；②不佩

戴金属饰品；③不打电话、不玩手机；④不在旷野中打伞；⑤不进行户外运动，如打篮球、踢足球等；⑥不在河边钓鱼、游泳。

2）室内

（1）紧闭门窗，关闭电器。

（2）远离金属门窗、金属幕墙。

（3）不触摸室内与室外有连接的金属管线，如水管、暖气管等。

（4）不使用电热水器和太阳能热水器洗澡。

（三）冰雹危害与预防

1. 冰雹危害

（1）易砸伤或砸死人员，损坏校舍、设施设备等。

（2）易对交通和通信设施构成危害。

（3）易损毁农作物。

2. 冰雹预防

当即将发生中雹和重雹时，需做到：

（1）室内防冰雹：紧闭门窗。

（2）室外防冰雹：及时躲避。①迅速进入室内，或到屋檐、汽车等坚固的遮挡物下躲避；②如果没有遮挡物，应躲到背风处，双臂交叉护住头部和面部，屈体下蹲，背部向上，尽量减少身体的暴露部位；③如携带物品，可用包、文件夹等物品进行遮挡；未携带物品，可用鞋、大石头等进行遮挡；④在躲避时，应远离照明线路、高压电线和变压器等。

（四）大风危害与预防

1. 大风危害

（1）刮倒各类危旧房、临时建筑和围墙等，挂断树木、广告牌等，易造成人员伤亡。

（2）吹倒、吹折电线杆，损坏高压电线塔，造成停电。

（3）吹翻车辆或使车辆失控。

（4）刮起地面沙尘，使空气质量恶化。

2. 大风预防

（1）及时关紧门窗。

（2）及时搬移屋顶、窗口、阳台处的花盆和悬吊物等。

（3）出门时佩戴口罩或围上纱巾。

（4）切勿在玻璃门窗、危棚简屋、临时工棚附近，以及广告牌、霓虹灯、大树等周围逗留。

（5）切勿在靠近河、湖、海的路堤和桥上行走。

（6）切勿触摸低垂或断折的电线。

（五）雾霾危害与预防

1. 雾霾危害

（1）增加空气中的污染物，易引起急性鼻炎、急性支气管炎与心血管疾病等病症。

（2）降低能见度，易引发交通阻塞和交通事故。

2. 雾霾预防

1）室内

（1）使用带有内循环功能的空气净化器。

（2）不开窗通风，不打开新风系统。

（3）勤洗脸洗手。

2）室外

（1）尽量佩戴 KN90、N95 等医用口罩。

（2）穿亮色衣服，如黄色、红色和橙色等。

（3）上下学尽量结伴而行。

（4）遵守交通规则，主动避让行驶车辆。

二、应对与处置

（一）雨雪围困的应对与处置

1. 应对洪涝

（1）当被洪水围困，但暂时安全时，应做到：①及时处理，尽量利用不易被洪水冲走的材料，如沙袋、石堆等堵住房屋门槛的缝隙，减少洪水漫入，也可选择在屋顶处避水；②就地取材，当房屋不够坚固时，应将门板、桌椅、木床、大块的泡沫塑料等能漂浮的材料，捆扎成筏逃生；③联系相关部门，设法与当地公安

（拨打 110）、消防（拨打 119）等取得联系，报告自己的方位和险情，寻求救援。

（2）在卷入洪水时，应：①尽可能抓住周围的固定的或能漂浮的物品，如大树、木板、箱子、衣柜等物品，寻求机会逃生；②如果离岸较远且无法求助时，不可盲目游动，应保存体力。

2. 应对雪灾

（1）联系政府。及时拨打"110""119"求救。当手机信号不佳或中断时，可以明显的标志物为中心，向不同方向走一定距离，继续设法拨打求救电话。

（2）维持体温。寻找树枝、木柴等可燃物取火保暖。如取火条件有限，应首先保护头部；如在野外，可寻找背风处，挖雪洞躲避风雪。

（3）保存体力。在雪中行走十分消耗体力，应注意休息，走一段路便及时调整呼吸、活动手脚并按摩身体。

（二）雷电击伤的应对与处置

1. 转移

（1）观察现场环境，如电闪雷鸣现象还在持续，不可轻举妄动。

（2）待周围环境安全后，迅速将伤者转移到安全地带。

2. 对症治疗

（1）如伤者未失去知觉，神志清醒，曾出现昏迷、心慌、四肢发麻和全身无力等情况，应就地休息一两个小时，并作严密观察。

（2）如伤者已失去知觉，但呼吸和心跳正常，应将其抬至空气清新的地方，解开衣服，用毛巾蘸冷水摩擦全身，使之发热。

（3）如伤者无知觉，抽筋，呼吸困难或是呼吸逐渐衰弱，但心脏仍然跳动，应立即采用心肺复苏进行施救。

3. 上报

如有人被雷电击伤，应立即上报老师及学校，并及时拨打 120 急救电话。

（三）冰雹砸伤的应对与处置

（1）自救：暂时用冰雹对受伤部位进行冷敷止血，迅速前往医院治疗。

（2）他救：当发现有人被冰雹砸伤时，应立即根据伤者情况抢救（根据上文"雷电击伤的应对与处置"部分，进行处理），并拨打 120 急救电话。

三、注意与提醒

（一）恶劣天气预防小口诀

1. 防汛口诀

　　关门窗，家中待；断电源，防伤人。

　　电线落，速报警；遇水淹，登高地。

　　离河道，防山洪；地下通道请绕行。

　　沿墙走，防跌倒；大雨天，要慢行。

2. 防雷口诀

　　大树下，切勿站，铁塔线杆离远点。

　　郊野旷，别停留，单独建筑别靠近。

　　闭手机，去首饰，室外运动不可以。

　　室内避，关门窗，切断电源于未然。

3. 防冰雹口诀

　　室内门窗需紧闭，室外防护需注意。

　　坚固物下来躲避，远离电线最安全。

　　背风之处头来护，屈体下蹲手向上。

　　随身物品均来挡，鞋子背包都能用。

4. 防风口诀

　　清理阳台防坠物，紧闭门窗护安全。

　　出门戴好小口罩，预防尘土进口鼻。

　　无事不要频外出，切勿靠近河湖海。

　　树木电杆广告牌，千万不要去靠近。

5. 防霾口诀

　　室内使用净化器，开窗通风不可取。

外出回家勤洗漱，口罩戴上最保险。

亮色衣服要上身，结伴而行最安全。

遵守交规避让车，平安健康最重要。

（二）雨雪天防滑注意事项

1. 行走

（1）慢：集中注意，走路、骑车速度不可过快。

（2）看：①随时注意周边车况及路况，随时应变；②路上尽量少聊天，不接打手机；③帽子不要过低，不遮挡前方视线。

（3）稳：①穿防滑鞋，选择橡胶材质，鞋底有细小沟纹、凹槽花纹的鞋子；②走路速度要慢，脚底踩实踩稳。

2. 摔倒

（1）顺势滑：双手收回或平伸，顺势向前滑。

（2）缩团滚：双手护住头面部，将身体缩成团状；顺着力量向前、向后、向左、向右滚；用身体整个侧面着地，增加受力面积。

（三）灾后注意事项

1. 灾后防疫工作

雷雨、台风引发的洪涝灾害会破坏自来水管网系统、下水道系统、污水处理厂、垃圾填埋场和堆肥场等，易造成有害细菌、病毒和寄生虫等物质的传播。灾后防疫工作意义重大，个人防护也必不可少（可参照"滑坡与泥石流"的灾后防疫举措）。

2. 井盖安全

（1）井盖冲走需注意：①棍子探路，用棍子试探前方路面；②观察水面，发现路面有旋涡、喷泉时须绕行；③光线判断，晚上迎着月光走，路上发亮处为水坑；背着月光走，路上发暗处为水坑；④多人拉手，可多人结伴同行。

（2）不慎落入窨井需注意：①保持冷静，利用周围一切可利用的资源进行自救。例如，将随身携带的手机、背包、充电宝等物品抛出地面；②站直身体，用衣物捂住口鼻；③采用敲击、用手机"手电筒"功能照亮等方式，吸引路人注意；④假如井中有水，应面部朝上，头略向后仰，双脚交替向下踩水，手掌拍击水面，使呼吸道露出水面，观察四周是否有露出水面区域，向其靠拢。

四、想一想

1. 2022 年 6 月 20 日，湖南江华持续出现特大暴雨，引发洪涝灾害。当你在江边观潮，不慎被卷入洪水中，该如何自救？

2. 当你在户外踢球时，突遇雷雨天气。面对以下情况，你会如何应对？

（1）周围有独立棚屋、大树等，你身上佩戴了金属饰品，你应如何避雷？

（2）如果你附近有人员被雷电击中，失去知觉，但他的呼吸和心跳正常。你该如何救助？

第十九章 校园周边安全风险

校园周边安全风险多样且复杂，主要涉及食品、场所、物品、危险人员、其他安全风险等方面，威胁着学生的健康成长。校园周边安全如丝缕细线，对其进行行之有效的预防和应对刻不容缓。

一、风险与预防

（一）校园周边的食品安全风险与预防

1. 校园周边的食品安全风险

校园周边廉价"三无"食品（无生产日期、无质量合格证以及无生产厂家的食品）、过期食品（超过了保质期的食品）易引发食物中毒与食物过敏，严重损害身体健康。

2. 校园周边食品安全风险的预防

（1）远离廉价小包装零食及饮料，如小包装调味面制品、膨化食品、糖果、饮料、奶茶等食品。

（2）不购买街头巷尾、流动推车的食品。该类食品常存在原料来源不明、进货把关不严、盛放食品的器具污浊、食品直接开放裸露在外等问题。同时，加工制作人员易存在无健康证明、不佩戴防脱发头罩、口罩和手套等现象。

（3）购买包装食品看标签。合格的食品标签会标注：食品名称、配料表、净含量和规格、生产者的名称、地址和联系方式、生产日期和保质期、贮存条件、产品标准号、食品生产许可证标志及编号。应慎重购买未全面包含以上内容的包装食品或无包装食品。

（二）校园周边场所的安全风险与预防

1. 校园周边场所的安全风险

校园周边的网吧、酒吧、KTV、电玩游戏厅、电竞酒店、棋牌室和文身店等场所，容易导致未成年学生受到不良因素的刺激，滋生不良消费观，产生不良行为。

2. 校园周边场所安全风险的预防

（1）不盲目好奇，不进入此类场所跟风消费。

（2）有问题多与家长、老师交流，放学后不长时间在校园周边场所逗留。

（三）校园周边危险物品的安全风险与预防

1. 校园周边文（玩）具、读物等物品的安全风险

1）文（玩）具

"萝卜刀"、激光笔、橡皮章刻刀、变装电子烟、磁力珠、泡泡枪、鼻吸醒神棒，"炸包"以及"臭包"等危险玩具容易造成人身伤害。

2）读物

非法书籍、盗版教材和教辅书籍、淫秽色情书籍、有害卡通画册等有害读物对于学生的身心健康具有深远持久的负面影响。

3）其他商品

"一元小彩票""抽龙珠""砸金蛋"等抽奖形式的"赌博玩具"容易造成学生沉迷、上瘾；香烟、酒精对脑神经有损害，会使未成年人出现记忆力减退、精神不振的情况，使之学习专注度下降，进而做出错误判断，甚至诱发其参与违法犯罪活动抑或危及自身生命安全；烟花爆竹极易炸伤眼睛、面部等身体部位，造成意外事故。

2. 校园周边文（玩）具、读物等安全风险的预防

（1）提高辨别能力，购买文（玩）具、读物时应注意看标识、使用须知，不购买危险文（玩）具、有害书籍、暴力画册等。

（2）不使用文（玩）具去做刺、捅、砍等危险动作。

（3）不因好奇心和从众心理而吸烟、喝酒。

（4）不单独燃放烟花爆竹，不手持烟花打闹。旁人燃放烟花爆竹时，不靠近围观。遇到有人燃放烟花爆竹，应尽可能远距离等待或绕行，保持安全距离。

（四）校园周边高危人员的安全风险与预防

1. 校园周边高危人员的安全风险

校园周边高危人员主要有人贩子、酗酒者、赌徒、精神病人、有作案前科的人员等，这些人员容易出现结伙滋事、随意殴打他人、强索他人财物、诱骗拐卖等威胁学生生命和财产安全的行为。

2. 校园周边高危人员安全风险的预防

1）远离陌生人

不接受陌生人给予的东西；不搭乘陌生人的车辆；不轻信陌生人的话语；不扫描陌生人出示的二维码；不相信行乞者，如遇成年人确有疑问，应告知其寻找警方取得帮助，防止被盗、被抢或上当受骗。

2）外出要结伴

不独自外出，尽量和朋友、同学结伴而行，不独自走夜路或者进入偏僻场所。认真选择外出时间，不在人迹稀少的黎明、深夜等时间外出，不在外留宿。

3）不外露、炫耀财富

不外露或炫耀随身携带的贵重物品，外出不带过多的现金。

（五）校园周边的其他安全风险与预防

1. 校园周边的其他安全风险

高大广告牌、宣传栏、商户牌匾等设施坠落、井盖错位或丢失、建筑施工场所未封闭等均属于校园周边的其他安全风险。

2. 校园周边其他安全风险的预防

（1）远离危险设施。注意观察，尽量避开路灯杆、信号灯杆、商户牌匾、落地广告牌、井盖等设施。

（2）远离施工场所。远离安全防护隔离墙，不攀爬、翻越工地安全隔离墙、进入施工场地。不在危险区域逗留、玩耍、嬉戏，以免被高空坠物砸伤或坠入坑道。

二、应对与处置

（一）购买到问题食品

（1）保留好消费凭证，如发票、消费小票、留存照片、问题食品等关键证据。

（2）告知家长或老师寻求帮助，共同寻找责任人（如经销商或者食品生产者）。

（3）要求赔偿。发现食品有腐败变质、霉变生虫、混有异物、掺假掺杂、外观异常等问题，应在家长或老师陪同下要求卖家进行赔偿。

（4）投诉举报。如果与对方交涉无法达成共识，可以拨打消费者热线"12345"。

（二）进入游戏店或遇到大型集会、突发安全事件

1. 进入"剧本杀""密室逃脱"游戏店

注意场所内限制未成年人进入的标志、剧本的适龄范围，选择适合自己年龄段的剧本，不进入不允许未成年人进入的场景。

2. 遇到庆典纪念、文艺会演等大型集会活动

提前规划路线，不凑热闹，遵守交通秩序，远离人多的地方，确保人身财产安全。

3. 发现突发安全事件

走在路上多留意周围的情况，不可心不在焉。在发现突发事件（如打架、吵架等）时，不好奇围观，应远远绕开。

如果自身遇到突发事件，不可着急，应转身快速跑向人多的地方，向成年人进行求救。

（三）发现危险文（玩）具、有害读物、烟花爆竹爆炸

1. 当发现对自身安全构成威胁的危险文（玩）具

不使用危险文（玩）具玩耍、打闹，及时上交并告知老师或家长。

2. 感到焦虑、愤怒等负面情绪

不使用危险文（玩）具宣泄，可采用合理的宣泄途径，如通过情绪日记写一写、画一画，和亲朋好友或是老师交流沟通，以及寻求心理老师的咨询支持等。

3. 烟花爆竹爆炸

应及时捂住耳朵，张开嘴巴来减少噪声对耳朵的冲击，或使用棉球、耳塞进行保护。炮灰进眼睛后不可用手揉搓，应及时寻求成年人帮助用流动的清水冲洗，或者求助医生，用生理盐水、抗菌消炎的眼药水进行专业清洗。

（四）遇到陌生人纠缠或侵害

1. 遇到陌生人纠缠

应立即向附近的民警求助，或是走向人多的地方寻求保护，不跟陌生人到偏僻的角落。

2. 受到不法侵害

应沉着冷静，及时报警，机智应对，在家长或老师的陪同下提供真实全面的信息，配合公安机关抓获犯罪分子。

（五）靠近危险设施

应注意观察四周环境，包括楼宇内部通道、走廊、报警系统、疏散路线和应急出口等。

三、注意与提醒

（一）食品风险安全口诀

远离摊点小零食，少喝奶茶与饮料。

食品标签检查好，名称含量和配料。

生产日期保质期，生产许可证编号。

消费凭证保留好，问题求助敢举报。

（二）场所风险安全口诀

未成年人要牢记，放学回家不逗留。

下列场所去不得，酒吧网吧 KTV。

棋牌文身皆远离，密室剧本慎选择。

勤加防范慎消费，幸福生活平安过。

（三）物品风险安全口诀

危险玩具记"三不"，不买不带不玩耍。

锐利尖端要重视，保护身体防意外。

暴力画册不阅读，有害书籍不购买。

烟酒赌博三不沾，身心健康最畅快。

（四）人员风险安全口诀

陌生人员不轻信，贪小便宜吃大亏。

外出结伴不独行，扫码送礼慎被骗。

相信直觉多辨别，强行带走要呼救。

危险来临多帮助，家长警察是后盾。

（五）其他风险安全口诀

遇到井盖需绕行，旁边经过不踩踏。

破旧设施要远离，莫要逗留与玩耍。

高大牌匾多注意，不要翻越隔离墙。

提醒他人多当心，发现问题需上报。

□□■【普法小课堂】

《中华人民共和国食品安全法》第一百四十八条规定："消费者因不符合食品安全标准的食品受到损害的，可以向经营者要求赔偿损失，也可以向生产者要求赔偿损失。生产不符合食品安全标准的食品或者经营明知是不符合食品安全标准的食品，消费者除要求赔偿损失外，还可以向生产者或者经营者要求支付价款十倍或者损失三倍的赔偿金；增加赔偿的金额不足一千元的，为一千元。"

《中华人民共和国未成年人保护法》第五十八条规定："营业性歌舞娱乐场所、酒吧、互联网上网服务营业场所等不适宜未成年人活动场所的经营者，不得允许未成年人进入；游艺娱乐场所设置的电子游戏设备，除国家法定节假日外，不得向未成年人提供。"

《中华人民共和国未成年人保护法》第五十九条规定："禁止向未成年人销售烟、酒、彩票或者兑付彩票奖金。烟、酒和彩票经营者应当在显著位置设置不向未成年人销售烟、酒或者彩票的标志；对难以判明是否是未成年人的，应当要求其出示身份证件。"

四、想一想

1. 中学生明明沉迷网络游戏，经常到一间无证经营的网吧通宵上网，无心学习，经父母、老师多次教育后仍不改正。春节前，明明邀请六名同学到网吧上网，老板未验证明明等人的身份即同意其上网。明明等人从晚上七点一直玩到次日凌晨五点。

面对同学去网吧通宵玩游戏的邀请，你会如何应对？

2. 明明在楼下玩耍时，突然遭到亮亮拿着"萝卜刀"玩具的攻击，这一刀直戳进了明明的眉头，导致明明伤势严重，前往医院接受了四针缝合治疗。

面对危险玩具，需要注意什么？

参 考 文 献

［1］ 丁昌田．学生安全教育与事故预防和应对［M］．天津：天津教育出版社，2018.

［2］ 任丽辉．中小学幼儿园安全教育教师读本［M］．长春：吉林大学出版社，2013.

［3］ 石连海，徐珍．校园安全事故分析与预防：教师读本［M］．天津：天津教育出版社，2009.

［4］ 赵国忠．教师安全管理手册［M］．南京：南京大学出版社，2011.

［5］ 张维平，陈大兴．学校安全事故处理与预防66个经典案例［M］．长春：东北师范大学出版社，2023.

［6］ 李颀．学校安全教育［M］．西安：陕西科学技术出版社，2008.

［7］ 董新良．学校安全理论、实务与案例［M］．北京：中国财政经济出版社，2019.

［8］ 中小学校园安全常识教育编委会．中小学校园安全常识教育［M］．北京：京华出版社，2010.

［9］ 贾水库．校园安全管理［M］．北京：新华出版社，2022.

［10］ 邱玉敏，李忠伟．防治校园欺凌：教师用书［M］．北京：中国传媒大学出版社，2021.

［11］ 于晓君，马晓萍，樊晓燕．校园安全防范指南［M］．北京：中国法制出版社，2011.

［12］ 马雷军．学校安全工作［M］．长春：吉林大学出版社，2011.

［13］ 向铭铭，顾林生．日本学校安全教育与管理［M］．上海：同济大学出版社，2014.